Formelle Gesetze

im

römischen Rechte.

Von

Dr. Alfred Pernice,
Professor in Berlin.

Springer-Verlag Berlin Heidelberg GmbH 1888

Sonderabdruck aus

Festgabe für Rudolf von Gneist.

ISBN 978-3-662-32169-0 ISBN 978-3-662-32996-2 (eBook)
DOI 10.1007/978-3-662-32996-2

I.

Die neueren deutschen Verfassungsurkunden gebrauchen den Ausdruck „Gesetz“ in zweifacher Bedeutung. Sie bezeichnen damit einmal einen Rechtssatz, der in bestimmten Formen festgestellt und verkündet, der namentlich unter Mitwirkung der Landesvertretung zu Stande gekommen ist; es wird auch wohl missbräuchlich jeder Rechtssatz, auch der auf Gewohnheit beruhende, Gesetz genannt. Auf der anderen Seite bedeutet „Gesetz“ jede Willenserklärung des Staates, jeden Staatsakt, der in die Formen der Gesetzgebung gekleidet ist, der also äusserlich auftritt wie ein „Gesetz“ in jenem ersten Sinne. Die neuere Staatsrechtslehre hat aus diesem Sprachgebrauche einen wissenschaftlichen und praktischen Gegensatz von materiellen und formalen Gesetzen entwickelt. Die materiellen Gesetze kennzeichnen sich durch ihren Inhalt: er ist allemal ein Rechtssatz; ob er ein allgemeiner sein müsse oder auch einen Einzelfall ordnen dürfe, darüber streitet man. Diese Gesetze stehen also zusammen mit den sogenannten Rechtsverordnungen, „Verordnungen“ mit dauernder oder zeitweiliger „Gesetzeskraft“, einseitigen Erlassen der Regierenden, die einen Rechtssatz aufstellen, und zu den Richtersprüchen, soweit ihnen eine allgemeines Recht schaffende Kraft verliehen ist. Die formalen Gesetze werden nur durch die Form bestimmt; der Inhalt ist für ihr Wesen gleichgiltig; inhaltlich können sie sich als Verwaltungsmassregeln der verschiedensten Art, als Rechtsgeschäfte und Entscheidungen von Rechtsstreitigkeiten darstellen; sie bilden unter diesen Staatsakten eine durch die Form ausgezeichnete und abgesonderte Gruppe. Der wissenschaftliche Grund für diese ganze Lehre liegt auf der Hand. Die sogenannte Trennung der Gewalten im Staate: der gesetzgebenden, richterlichen und vollziehenden lässt sich nicht in der Weise glatt durchführen, dass die Thätigkeit jeder einzelnen ausschliesslich einer bestimmten Behörde zugewiesen würde. Die gesetzgebende Gewalt greift in das Gebiet der Verwaltung und der Rechtsprechung über, wie die verwaltende und richterliche Behörde in das der Gesetzgebung. Diese Erscheinung muss sich begreiflich überall da wiederholen, wo die verschiedenartigen staatlichen Funktionen grundsätzlich an verschiedene Behörden oder Körperschaften geknüpft sind. Es ist deshalb wenn auch erklärlich doch verwunderlich, dass man den Gegensatz der beiden Arten von Gesetzen immer nur an den jungen Verfassungsurkunden der neueren Zeit erläutert; dass man nicht die Erörterung durch Heranziehung rein geschichtlicher Verhältnisse zugleich auf eine breitere Grundlage stellt und dem politischen Meinungskampfe entrückt.

Es handelt sich darum, praktische Folgen jener begrifflichen Sonderung aufzuweisen. Denn ohne solche werden sich die Gegner schwerlich von ihrer Nothwendigkeit überzeugen lassen, und ohne sie bleibt in der That nichts übrig, als ein dialektisches Spiel zur systematischen Abgrenzung dessen, was man heute unter Gesetzgebung und Verwaltung verstehen könnte oder sollte, und etwa die Feststellung eines ungenauen, irreführenden Sprachgebrauches der neueren Gesetze. Eben hierdurch war das Zurückgehen auf eine abgeschlossene Verfassungsgeschichte nahe gelegt. Denn nur an ihr lässt sich zeigen, ob und wie der Gegensatz zwischen den Gesetzen principiell oder unbewusst auf die Entwickelung eingewirkt hat.

Das Gleichgewicht der drei Gewalten: Beamten, Senat und Volk, das nach Polybius das Wesen der römischen Verfassung ausmacht, entspricht nicht der modernen Lehre von der Theilung der Staatsfunktionen. Die Rechtspflege ist ganz eigenthümlich, unabhängig von dieser Dreitheilung geordnet. Eingriffe der Gesetzgebung in das Straf- und Civilverfahren, d. h. Verurtheilungen durch Volksschluss, sind durch das Privilegienverbot der XII Tafeln verhindert. Dagegen ist es stets als verfassungsmässig erschienen, ausserordentliche Untersuchungs-Commissionen für besondere Fälle durch Volksschluss einzusetzen: der Senat hat dabei ohne Widerspruch mitgewirkt[1]). Freilich liess

[1]) Cicero, *de d. n.* 3,74; so die lex Marcia gegen den Popilius: Livius 42, 22. 7; die l. Mucia gegen den Tubulus: Cicero *de div.* 2,54; l. Peducaca gegen die Vestalinnen: Asconius *Mil.* p. 46; gegen die angeblichen Mörder des Pompeius: Cicero *in Vat.* 26 mit den Scholien p. 293 sq.; gegen die Mörder Caesars: Velleius 2, 69. 5; Livius 120.

sich diese Befugniss auch gegen den Rath wenden[2]), und „gesetzliche" Eingriffe in rechtskräftig entschiedene Sachen sind, wenn nicht geschehen, so doch versucht[3]). Eingriffe der Verwaltung dagegen in die Rechtspflege sind unbedingt gegen die Verfassung: selbst in der dyarchistischen Kaiserzeit tritt das Cognitionsverfahren viel mehr auf als Ergänzung, denn als Abänderung des ordentlichen Processes. Anders liegt es zwischen Gesetzgebung und Verwaltung: die Volksversammlung giebt die Gesetze, die Consuln und je nachdem der Senat regieren. Jede solche Sonderung der Gewalt bedingt eine Minderung oder Einschränkung der einheitlichen Souveränetät. In den modernen Staaten behält der souveräne Monarch nach der alten Lehre nur die vollziehende Gewalt, in der römischen Republik bleibt dem souveränen Volke nur die gesetzgebende. So ist denn einmal die Möglichkeit von Uebergriffen der Beamten in den Bereich der Gesetzgebung vorhanden. Solche sind die prätorischen Edicte und die kaiserlichen Erlasse: wie man immer dies ihr Wesen durch Formulirungen verhüllen möge, ihre Verwandtschaft mit den heutigen „Rechtsverordnungen" ist offensichtlich. Die Ausführungen der Neueren würden weniger Anspruch auf Allgiltigkeit erheben, wenn man sich der Aehnlichkeit und des Gegensatzes erinnert hätte. Aber diesen Punkt lasse ich für jetzt aus dem Spiele, obwohl ihm gerade eine besondere praktische Bedeutung zugeschrieben wird[4]). Die andere Seite ist der Uebergriff der Gesetzgebung

---

[2]) So die lex Mamilia gegen die Begünstiger Iugurthas: Sallust *Iug.* 40; Cicero *Brut.* 127 sqq.

[3]) Cicero *p. Sulla* 22, 62 sq.

[4]) Es sind namentlich zwei Folgerungen, die man zieht. 1. Die Rechtsverordnung müsse gleich dem Gesetze verkündet werden, um verbindlich zu sein. Dieser Satz hat begreiflich nur da einen Sinn, wo für die Geltung des (materiellen und formalen) Gesetzes die Verkündigung rechtliches Erforderniss ist. Ob das nach römischem Staatsrechte der Fall war, ist zweifelhaft (Mommsen, Staatsrecht 3, 418 f.). *Edicta*, *mandata* und *decreta* unterscheiden sich aber dadurch, dass das Edict gerade veröffentlicht wird, aber nicht wegen seines Inhaltes, die beiden anderen dagegen nicht: und doch gelten sie unter den verfassungstreuen Kaisern mindestens gleich. Ferner gilt es 2. als „oberster, constitutioneller Grundsatz" (Seligmann, Begriff des Gesetzes S. 114, 148), Rechtsvorschriften können durch Verordnung nur auf Grund einer Delegation erlassen werden (Laband, D. Staatsrecht 2, 77). Vielleicht hatte Gaius 1, 5 diesen Gedanken und gelangte von da aus zu der Behauptung, alle Kaisererlasse hätten Gesetzeskraft, indem er eine allgemeine Uebertragung annahm. Aber sicher trifft der Grundsatz für die Prätoren nicht zu.

ins Gebiet der Verwaltung, das ist das formale Gesetz. Dies erscheint heute als Einbruch der gesetzgebenden Gewalt in das eigentliche Machtgebiet des Souveräns, umgekehrt in Rom als Eingriff des Souveräns in die Sphäre der Verwaltung. Die Neigung durch Gesetze zu verwalten ist in neuerer Zeit wie in Rom die Eigenthümlichkeit der demokratischen Partei; aber aus gerade entgegengesetzten Gründen: heute gilt es, den monarchischen Souverän zu beschränken, in Rom, die Macht der demokratisirten Volksversammlung zu steigern. Gegen Ende der Republik tritt die Tendenz immer schärfer hervor, als die Demokratie die Volksversammlung als Hebel zum Sturze der Senatsherrschaft benutzte. Sie bringt damit die unveräusserliche Einheit der Staatsgewalt zur Geltung; aber diese tendenziösen Gesetze können für die Beurtheilung des Verfassungslebens nicht schlechthin bestimmend sein[5]).

Es ist bekannt, dass im republikanischen Staatsrechte jeder Beschluss des Volkes *lex* heisst, der nicht Urtheil oder Wahlhandlung ist[6]). Die Juristen gehen bei ihrer Begriffsbestimmung der lex überall davon aus, dass sie ein von der gesetzgebenden Gewalt festgestellter allgemeiner Rechtssatz sei; selbst das *privilegium* im altrömischen Sinne und die Ordnung des Einzelfalles durch Volksschluss werden nicht dazu gerechnet. Diese Einschränkung widerstreitet dem staatsrechtlichen Sprachgebrauche durchaus[7]). Ja, die demokratische Lehre war nicht abgeneigt, sogar die Wahlbeschlüsse als leges aufzufassen und daraus zu folgern, dass sie widersprechende ältere gesetzliche

---

[5]) Das stärkste ist wohl das „Gesetz", den Iugurtha nach Rom zu holen: Sallust *Iug.* 32. Andere Beispiele bei Lange, R. Alterthümer 2, 635.

[6]) Besonders deutlich Cicero *de div.* 2, 74: . . ut comitiorum uel in iudiciis uel in iure legum uel in creandis magistratibus principes ciuitatis essent interpretes.

[7]) Capito bei Gellius 10, 20. 2: lex est generale iussum populi aut plebis rogante magistratu: also, fügt Gellius bei, fallen die sg. privilegia nicht unter die lex; Festus p. 266: rogatio est, cum populus consulitur de uno pluribusue hominibus, quod non ad omnis pertinet . . . nam quod in omnes homines resue populus sciuit lex appellatur (Aelius Gallus?). Ebenso Gaius 1, 3; denn er schickt voraus, dass leges und Sconsulta die materielle Rechtsordnung schaffen, und bestimmt dann erst die lex rein formell; ebenso verfährt Isidor *orig.* 5, 9 sqq. Ganz abweichend ist freilich Papinians fr. 1 de leg. 1, 3. Aber die Stelle ist lediglich eine Uebersetzung aus Demosthenes (25, 16); sie kommt also nicht in Betracht, rührt vielleicht gar nicht von Papinian her.

Rechtssätze beseitigen können[8]). Das ist eine offensichtliche Verkehrung einer Ausdrucksweise, die an sich begründet ist. Denn alle Volksschlüsse, die man als *rogationes* und *leges* bezeichnet, kommen in denselben Formen zu Stande: der Beamte fragt und die Comitien antworten zustimmend[9]); und für alle diese Volksschlüsse ist die Vorberatung im Senate zwar nicht vorgeschrieben, aber durchaus üblich[10]). Beides gilt für Wahlen und Strafurtheile nicht. Man ist also wohl befugt, die übrigen Beschlüsse (ausser Wahlen und Urtheilen) wegen ihres gleichen formalen Charakters unter einer Benennung zusammenzufassen. Es sind recht eigentlich „formale Gesetze" in heutigem Sinne. In der That finden sich für nahezu alle Fälle, in denen heutzutage von formalen Gesetzen gesprochen wird, Gegenstücke in der römischen Praxis, namentlich für zahlreiche Fälle, die nach unserer Vorstellung ins Gebiet der Verwaltung einschlagen würden: Einziehung und Zurückgabe des Vermögens, Verleihung und Aberkennung des Bürgerrechtes u. s. w. erfolgen in Rom regelmässig durch Volksschluss[11]).

Diese Sachlage drängt die Frage auf, ob diese formell gleichartigen Staatsakte eine materiell gleiche Grundlage haben, ob sie nach der Auffassung des römischen Rechtes auch in ihrem inneren Wesen übereinstimmen. Dadurch wird man sofort auf die weitere Frage geführt, ob die Erkenntniss oder das Gefühl von der nothwendigen inneren Gleichartigkeit dieser Volksschlüsse auf die Rechtsentwickelung eingewirkt habe. Beide lassen sich nur durch Eingehen auf Einzelheiten beantworten. Im Allgemeinen muss man als Ergebniss hinstellen, dass die Volksversammlung sich mit eigentlichen Ver-

---

[8]) So schliesst der Censor Ap. Claudius bei Livius 9, 33. 9 (ähnlich 7, 17. 12): das Gesetz des Mam. Aemilius beschränkte die Dauer der Censur auf 18 Monate; er sei aber ohne Zusatz einer Zeitgrenze gewählt; folglich sei die l. Aemilia auf ihn nicht anwendbar: die spätere lex hebe die frühere nach den XII T. auf. Livius bezeichnet diese Ausführung als Rechtsverdrehung (*cavillari*), er hat sie also schwerlich erfunden. Die demokratische Schlussfolgerung ist dem Ap. Claudius wohl mit bewusster Absicht untergeschoben. Im Falle des Scipio (Appian *Pun.* 112) behauptet das „Volk", es könne die alten Gesetze abändern und daraufhin dispensirt der Senat.

[9]) Eines Beweises bedarf es dafür nicht.

[10]) Ver sacrum: Livius 22, 10. 2; Kriegserklärung: Livius 21, 17. 4; 31, 6. 1; 36, 1. 4; Untersuchungscommission: Livius 38, 54. 3.

[11]) Vgl. die Aufzählung bei Laband[2] 1, 567.

waltungsgeschäften nicht befasste, dass diese bei fortschreitender Ausbildung regelmässig an die Verwaltungsbehörden abgegeben wurden.

Dabei entstehen freilich zwei eigenthümliche Schwierigkeiten für die Benutzung unserer Ueberlieferung. Einmal erscheinen 1) die römischen Beamten nicht einfach, jedesfalls nicht durchweg als Vertreter des als juristische Person gedachten römischen Volkes; sie sind vielmehr Mitträger der Souveränetät. Volk und Beamte gemeinsam handeln; nur durch Uebereinstimmung der Consuln und der Comitien kommt ein Volksbeschluss zu Stande, der dann allerdings als einseitige, auch die Beamten selbst bindende Satzung des Volkes aufgefasst wird. Die Beamten sind deshalb Mitinhaber der *maiestas populi Romani:* wer sich an ihnen, nicht bloss an den Tribunen, vergreift, verletzt die „Hoheit des Staates"[12]). In bezeichnender Weise tritt die Besonderheit dieses Verhältnisses beim völkerrechtlichen Vertragsschlusse hervor. Dass das Volk der eigentliche vertragschliessende Theil ist, nicht der Beamte, sagt Polybius bestimmt[13]). Und dieser Satz ist wohl nach der Ansicht der römischen Staatsrechtslehrer so alt wie die Republik. Von den Verträgen, die von römischen Königen abgeschlossen waren, sagten sich, unseren Berichten zufolge, die fremden Staaten nach dem Tode des Königs wiederholt los. Zur Zeit der Republik kommt das nicht mehr vor: denn das Volk stirbt nicht[14]), und ihm ist das Versprechen der Treue gegeben. In der ersten republikanischen Zeit aber schliessen die Oberbeamten die Verträge, etwa nur unter Mitwirkung des Senates, ab und sie sind für das Volk bindend[15]). Seit dem caudinischen Frieden ist mehrfach Verwerfung des Feldherrnvertrages durch das Volk vorgekommen. Es stellt sich der Satz fest: *populum R. iniussu suo nullo pacto religione obligari*[16]),

---

[12]) Fr. 1 § 1 ad l. Iul. mai. 48, 4; Cicero *de inu.* 2, 53: *maiestatem minuere* est de dignitate et amplitudine aut potestate populi aut *eorum quibus populus potestatem dedit*, aliquid derogare.

[13]) Polyb. 6, 14. 10: *καὶ τὸ μέγιστον ὑπὲρ εἰρήνης οὗτος (ὁ δῆμος) βουλεύεται καὶ πολέμου καὶ μὴν περὶ συμμαχίας καὶ διαλύσεως καὶ συνθηκῶν οὗτός ἐστιν ὁ βεβαιῶν ἕκαστα τούτων καὶ κύρια ποιῶν ἢ τοὐναντίον.* Vgl. 1, 11. 3; 17, 1; 63; 3, 21. 2.

[14]) Diesen Punkt habe ich SB. 1886 S. 1189 (Sacralr. 2, 21) übersehen. Insofern scheinen mir auch die Erörterungen Rubinos (Untersuchungen S. 262 ff.) über das Recht der Königszeit nicht ohne Bedeutung.

[15]) Statt alles weiteren Rubino S. 265 ff.

[16]) Cicero *p. Balbo* 34; Livius 9, 5. 1.

der ganz ebenso auch für das Feldherrngelübde gilt[17]). Durch die Verwerfung wird also der Vertrag nicht bloss staatsrechtlich unausführbar, sondern völkerrechtlich unverbindlich. Hier ist zwischen der souveränen Stellung der Beamten und des Volkes so vermittelt, dass die Beamten formell als die Vertragschliessenden und deshalb als haftbar erscheinen — sie trifft das *piaculum* des Vertragsbruches[18]) —, dass aber der Sache nach die Volksversammlung die Entscheidung in der Hand hat. Bei dieser Stellung der Beamten mag es in älterer Zeit wohl vorgekommen sein, dass man ihnen unbefangen die Ausübung von Hoheitsrechten überliess, später wurden sie dann für das Volk selbst in Anspruch genommen: das erschien dann als demokratische Neuerung. Und damit hängt ein zweiter Punkt zusammen. Das an sich ganz durchsichtige Verhältniss zwischen Beamten und Volk wird 2) verdunkelt durch den Senat, der sich zwischen beide schiebt. Seine ungeheure Machtstellung ist ja zum grössten Theile nur eine thatsächliche. Sie setzt sich aus zwei Bestandtheilen zusammen: der Senat erlangt die Obergewalt über die Beamten und führt so mittelbar durch sie oder geradezu die Verwaltung; und er übt an Stelle des Volkes dessen souveräne Befugnisse aus. Wo der Senat eingreift, ist es also immer zweifelhaft, ob ursprünglich ein reines Beamten- oder ein Volksrecht vorlag[19]).

II.

Wenn man die regierende Gewalt im Staate als diejenige auffasst, die in freier Erwägung des Nützlichen und Nothwendigen durch Einzelverfügungen sich äussert[1]), so kann man unmöglich alle Staatsakte der Verwaltung zurechnen, die nicht Urtheile oder Rechtssätze sind. Der Sprachgebrauch und das öffentliche Bewusstsein ziehen der Ver-

[17]) Livius 22, 10. 1: (uer sacrum) iniussu populi uoueri non posse (33, 44. 2).

[18]) Sie können daher dedirt werden, müssen aber nicht (Sallust *Iug.* 39, 3): davon unten S. 11 f.

[19]) So erfolgt z. B. die Cassation des Vertrages, den Albinus mit Iugurtha schloss, nur durch den Senat, der hier offenbar statt des Volkes handelt (Livius 65; Sallust l. c.).

[1]) So Albrecht nach Martitz, Zschr. f. Staatswissenschaften 36 (1880), S. 227.

waltung weit engere Grenzen[2]). Vor allen Dingen setzt sie stets die Beobachtung der Rechtsordnung voraus: die Verwaltung geschieht „nach den Gesetzen", sie ist Vollziehung der Gesetze: wie ebenso die Rechtsprechung Anwendung und Vollzug der Gesetze ist. Alles daher, was von Staatsakten neben der Rechtsordnung hergeht, und wodurch eine gesetzmässige Feststellung gebrochen oder zurückgedrängt wird, das ist nicht Verwaltungshandlung. Vielmehr sind hier Akte der souveränen Staatsgewalt eigener Art in Frage, die man nicht unter eine bestimmte Schablone bringen kann. Man darf sie auch nicht, wie häufig geschieht, als „Privilegien" bezeichnen; damit verflüchtigt man diesen Begriff vollständig und macht ihn unbrauchbar: er sollte auf Vorzugsrechte beschränkt bleiben.

In Rom mussten diese Souveränetätsakte nothwendig in der Form von „Gesetzen" auftreten: sie mussten durch Antrag eines Beamten und Zustimmung der Volksversammlung zu Stande kommen; denn allein auf diesem Wege kann hier die Staatsgewalt ihren Willen äussern. So sprechen die Schriftsteller bei solchen Beschlüssen unbefangen von *rogationes* und *leges*, ohne anscheinend darin etwas besonderes zu sehen.

Am deutlichsten tritt die materielle Besonderheit dieser Akte 1. bei der Begnadigung im weitesten Sinne hervor. Gegenüber Todesurtheilen der Beamten ist sie bekanntlich geradezu zum volksgerichtlichen Urtheile geworden. Aber man hat den Volkswahrspruch nie als Erkenntniss aufgefasst; formell nicht, denn die XII Tafeln vermeiden mit offenbarer Absicht den Ausdruck *iudicare* und sprechen von „Antrag stellen"[3]); sie verknüpfen anscheinend die Bestimmung über die ausschliessliche Zuständigkeit der Centuriatcomitien in Kapitalfällen aufs engste mit dem Verbote der *lex in priuos homines condita*[4]). Auch materiell ist das Urtheil der Comitien kein Erkenntniss im römischen Sinne: es wird nicht nach Gesetzen gefunden, und gestattet

---

[2]) Vgl. Laband, Budgetrecht S. 14.

[3]) Cicero *de leg.* 3, 11: de capite ciuis nisi per maximum comitiatum — ne *ferunto*; 44: altera (lex) de capite ciuis *rogari* nisi maximo comitiatu uetat; *p. Sest.* 65: neue de capite ciuis nisi comitiis centuriatis *rogari*; *de rep.* 2, 61: (lex illa), quae de capite ciuis R. nisi c. c. *statui* uetaret.

[4]) In den eben angeführten Stellen werden beide Sätze nebeneinander wie zusammengehörige genannt und behandelt.

Erwägungen unjuristischer Art breiten Raum, wie der typische Horatierfall lehrt[5]). Immer ist es also das souveräne Volk, das richtet. Sobald man den Thatbestand der Verbrechen durch Gesetze festlegt, und damit die richterliche Thätigkeit zu einer vollziehenden macht, werden auch eigene Schwurgerichte eingeführt.

Die Volksversammlung, und nur diese[6]), macht aber auch noch

---

[5]) Entschieden zu weit geht Geib, Criminalpr. S. 125 f.

[6]) Dagegen leugnet Merkel (Abhandlungen 1, 15 ff.) 1. das Begnadigungsrecht der Volksversammlung für die ältere Zeit; es soll sich erst „gegen das Ende des Freistaats" ausgebildet haben (S. 22); an die Stelle tritt die Rücknahme des Urtheils durch den Richter. Das scheint mir nur eine andere Formulirung; aber sie ist bedenklich, weil dadurch die verschiedenen Funktionen der Staatsgewalt vermischt werden. Der Richterspruch ist wegen seiner Rechtskraft etwas anderes, als eine blosse Verfügung, die, wie ein Beamtenbefehl, beliebig zurückgenommen werden kann. Beseitigung der rechtlichen Folgen eines Strafurtheils ist eben Begnadigung; der Denkform der *rescissio* (der Fiction) haben sich m. W. die Römer hier nie bedient. 2. Die Begnadigung von Sprüchen der Quästionen ist begreiflicher Weise seltener; die l. Sulpicia mag der erste Fall gewesen sein (S. 18). Sie wird zwar als „verderblich und todbringend" bezeichnet (Velleius 2, 18. 6; Livius 77); aber auf Grund der Verfassung wird sie nicht angefochten: die Aufhebung durch Sulla erfolgt unter dem Vorwande, das Gesetz sei trotz dem iustitium ans Volk gebracht (Appian *b. c.* 1, 59 a. E. [55 a. E.]; Plutarch *Sulla* 6, 3; Cicero *Phil.* 8, 7); vgl. Mommsen, Staatsrecht 1, 263. Dass ihm andere als politische Motive zu Grunde lagen (die Zurückführung der den Italikern geneigten Staatsmänner) ist nirgends ersichtlich. 3. Die Amnestie ist nach Merkel (S. 23 ff.) Sache des Senates. Diese Befugniss wäre mit der sonstigen Rechtsstellung des Senates schwer vereinbar; sie könnte nur eine angemasste sein. Aber sie lässt sich auch m. E. nicht erweisen. Dass die Söhne des Sp. Cassius „begnadigt" seien (M. S. 23), ist nicht überliefert. Der Senat verhinderte, dass man sie todtschlug, wie es angeblich Sitte war (Dionys 8, 80). Ob darin eine Hindeutung auf die Verbannung des cassischen Geschlechtes steckt (Mommsen, Forschungen 2, 178)? Den Mördern Cäsars sicherte der Senat ἄδεια zu, d. h. wie Appian (*b. c.* 4, 94) ausdrücklich erklärt: er wies die Beamten an, keine Mordanklage anzunehmen: σαφέστερον ἔτι φόνου μὴ εἶναι δίκας. Dass das nur thatsächliche Bedeutung hatte, zeigt die Durchbringung der l. Pedia. Ganz ebenso ist der Senatsschluss von 721/33 bei Dio Cass. 49, 43 aufzufassen: δόγμα ἐγένετο μηδένα τῶν ἐς τὴν γερουσίαν τελούντων ἐπὶ λῃστείᾳ (Truppenanwerbung) κρίνεσθαι. Die Erzählung endlich von der 3. Secession lässt sich hier nicht verwerthen (Appian, *Samn.* 2 extr.). Der Senat τὰς μὲν τῶν χρεῶν ἀποκοπὰς ἐψηφίσατο πᾶσι Ῥωμαίοις, τοῖς δὲ τότε ἐχθροῖς καὶ ἄδειαν. Das lässt sich nur von vorläufiger Zusage des Senates verstehen; denn *nouae tabulae* konnte er natürlich nicht gewähren. Vergleichen kann man das Edict des Consuls (Livius 2, 25. 6 sq.), wodurch den Gläubigern während des Feldzuges die Rechtshilfe verweigert wird — mit Zustimmung des Senates.

andere Anwendung von ihrer höchsten Befugniss; es wird Amnestie gewährt[7]), eine ganze Anzahl Schuldiger auf einmal[8]) oder einzelne werden aus der Verbannung zurückgeführt[9]). Dabei wird nicht unterschieden, ob das Verfahren vor dem Volke[10]) oder dem Schwurgerichte stattgefunden hatte.

Von der Begnadigung lässt sich 2. die Verleihung von Ehren und Auszeichnungen durch den Staat nicht trennen. Die Verleihung von Orden u. dgl. wird heute durchaus als Ausfluss des Souveränetätsrechts aufgefasst[11]) und vielfach als Privilegium bezeichnet[12]). Diese Bezeichnung ist entschieden irreleitend: denn hier werden keine Vorrechte und Sonderstellungen begründet, weil kein gemeiner Anspruch auf Auszeichnungen besteht. Der Geehrte kann wohl gleich Würdigen vorgezogen werden, aber nicht gleich Befugten; es wird also Niemand im Rechtssinne beschränkt, ja nicht einmal gekränkt: denn die Versagung einer Ehre ist keine Beleidigung[12a]). So sind also diese Auszeichnungen Gunst- und Gnadenerweise des Souveräns. Im römischen Staate stand das Recht Auszeichnungen zu verleihen dem Volke als dem Souveräne zu: paradigmatisch dafür ist anscheinend die Erzählung gedacht, dass selbst der König die Amtsinsignien nicht ohne Zustimmung des Volkes annahm[13]). Später sind sie für die ordentlichen Jahresbeamten verfassungsmässig anerkannt; aber bei ausserordentlichen, die nicht *pro magistratu* sind, bedarf es noch immer der „gesetzlichen" Feststellung[14]). An Bürger im Frieden wurden unseres Wissens keine Ehrenzeichen gegeben, sondern nur an

[7]) Livius 3, 54. 14: L. Icilius extemplo plebem rogauit et plebs sciuit, ne cui fraudi esset secessio ab decem uiris facta.

[8]) Sueton *Caes.* 5 (rogatione Plotia); Cicero *Phil.* 2, 98.

[9]) Camillus: Livius 5, 46; Marius: Velleius 2, 21. 6; Aur. Vict. 69; Cicero: Cicero *Pis.* 35; *ad Att.* 3, 23. 4; Sulla und Autronius: Cicero *p. Sulla* 63(?); Dio 37, 25; Metellus: Cicero *p. Planc.* 69.

[10]) Cicero *de domo* 86: at uero .. Kaeso ille Quinctius et M. Furius Camillus et C. Seruilius Ahala . . populi incitati uim iracundiamque subierunt, damnatique comitiis centuriatis cum in exsilium profugissent, rursus ab eodem populo placato sunt in suam pristinam dignitatem restituti.

[11]) Klüber, Staatsrecht § 251, § 496f.; Weiss, Staatsrecht § 261 S. 539f.

[12]) ZB. Brinz, Pand. 1, § 70. 4; Zöpfl, Staatsrecht 2, § 481, VI.

[12a]) Fr. 13 § 4 de iniur. 47, 10.

[13]) Cicero *de rep.* 2, 31 (T. Hostilius); Dionys 3, 63 (Tarquinius).

[14]) Cicero *de l. agr.* 2, 32; Frontin *de aq.* 2, 100; Livius 33, 42.

Soldaten. Soweit hier überhaupt eine obrigkeitliche Einwirkung stattfindet[15]), hat man die Verleihungen vernünftiger Weise dem Feldherrn überlassen: die Voraussetzungen für den Erwerb der verschiedenen Ehrenkränze standen zudem gewohnheitsmässig fest[16]). Aber dem Volke ist damit seine Befugniss nicht entzogen: es verleiht militärische und sonstige Abzeichen und Ehren mit voller Freiheit[17]).

Ganz anderer Art ist 3. die Kriegserklärung. Sicher ist, dass sie seit ältester Zeit der Volksversammlung zusteht[18]); ebenso sicher, dass dieser Ausspruch ein reiner Formalakt war oder bald wurde[19]). Man wird auch hier an einen Ausfluss der höchsten untheilbaren Staatsgewalt zu denken haben: das Volk als Souverän ist es, das den fremden Staaten im völkerrechtlichen Verkehre gegenübertritt. Und die Vorberathung des Senats ist hier, wie überall, nur üblich, nicht rechtlich nothwendig: man hat auch wider den Willen der Consuln und des Senates Vorschläge auf Kriegserklärung an das Volk gebracht[20]).

4. Einen solchen Akt souveräner Gewalt wird man auch in der Dedition sehen müssen, obwohl die Ueberlieferung hier Schwierigkeiten macht. Es handelt sich hier darum, dass ein Bürger dem feindlichen

---

15) Denn manche „Kränze" werden durch die Kameraden „verliehen", wie der Imperatortitel durch das Heer: Marquardt, Stvw. 2, 576 f.

16) Gellius 5, 7. 16; Plinius *n. h.* 22, 6 sqq.

17) So die Verleihung der Krone an den Q. Fabius Maximus: Plinius, *h. n.* 22, 5. 10, des Triumphalkleides an den L. Aemilius Paulus: de viris ill. 56, des Lorbeerkranzes an Pompeius durch Plebiscit: Velleius 2, 20. 4; Dio 37, 21; das Purpurgewand wird Caesar nach Dio 44, 4 und 6 durch den Senat „decretirt": der Zusammenhang schliesst die Volksgenehmigung nicht aus, und die anderen Ehren und Befugnisse können nur durch das Volk verliehen sein. Und in der That heisst es in der Rede des Calenus (Dio 46, 17): *πάντα δὲ αὐτῷ* (Caesar) *τὸν δῆμον μετὰ τῆς βουλῆς εἶχειν, οὕτως ὥστε . . . τῇ τε σκευῇ τῇ τῶν βασιλέων χρῆσθαι ψηφίσασθαι.* Plutarchs Bericht über Cato (*Cato min.* 39, 3) ist danach nicht unbedenklich und vielleicht durch den Gebrauch seiner Zeit beeinflusst: *ὅ τε δῆμος ἐθαύμαζε τὸ πλῆθος* (*τῶν χρημάτων*), *ἥ τε βουλὴ ἐψηφίσατο τῷ Κάτωνι τὴν στρατηγίαν ἐξαίρετον δοθῆναι καὶ τὰς θέας αὐτὸν ἐν ἐσθῆτι περιπορφύρῳ θεάσασθαι.* Die Gewährung des Triumphes gehört nicht hierher: Mommsen 1, 134 f.

18) Livius 6, 21. 3 sq.; 7, 6. 7. Bezeichnend ist es, dass der Volksschluss in der feierlichen Kriegserklärung ausdrücklich erwähnt (quod p. R. Q. bellum cum Priscis Latinis iussit esse), aber in der Darstellung von Livius 1, 32. 12 sqq. übergangen wird.

19) Recht deutlich ist das Livius 4, 60 a. E.

20) Livius 45, 21. 4 sq.: nouo maloque exemplo.

(nicht durch Vertrag verbundenen) Staate als Knecht übergeben wird. Er büsst also sein Bürgerrecht durch einen Akt der Staatsgewalt wider seinen Willen ein. Unseres Wissens kommt eine solche Dedition aus dreierlei verschiedenen Anlässen vor: wegen Beleidigung fremder Gesandten[21]), wegen Verletzung der gesandtschaftlichen Neutralitätspflicht[22]), wegen Abschlusses eines nicht genehmigten Friedens- und Bündnissvertrages[23]). Die beiden ersten Fälle sind offenbare Verstösse gegen das sacrale Völkerrecht, also Vergehungen, die nicht gestraft, sondern gesühnt werden müssen. Am deutlichsten tritt das darin zu Tage, dass den Fetialen die Uebergabe an den Landesfeind anvertraut wird: denn sie sind recht eigentlich die Träger des sacralen völkerrechtlichen Verkehres. Und so wird man auch den dritten Fall aufzufassen haben: der Beamte schliesst den Vertrag auf Grund seiner Machtvollkommenheit ab; er bricht ihn auch, wenn Senat und Volk ihn nicht gutheissen: die Frage nach Dolus und Culpa wird hier wie bei den Sacralvergehen überhaupt nicht aufgeworfen[24]). Das Nichteinhalten eines Vertrages aber ist als Verletzung einer übernommenen geistlichen Verbindlichkeit ein Sacralvergehen[25]). Die Dedition ist nicht die Strafe für die Verfehlung, Sacralvergehen werden überhaupt von den Menschen nicht geahndet: die Dedition steht nicht auf gleichem Boden mit der *uenditio trans Tiberim* des Bürgers, der sich der Einschätzung oder Aushebung entzieht. Sie ist vielmehr eine Entsühnung des Volkes; die stärkste Form der Entsühnung[26]); es soll durch die Ueberlieferung des Schuldigen deutlich gezeigt werden, dass das Volk

---

[21]) Q. Mucius fr. 18 de leg. 50, 7; so der Fall des Q. Fabius: Val. Max. 6, 6. 5; Dio Cass. *fr. Peir.* 43; Zonaras 8, 7 c.; der Fall des Minucius und Manlius: Livius 38, 42. 7; Val. Max. 6, 6. 3; Dio C. *fr. Urs.* 158; Varro bei Nonius p. 529 (fetiales).

[22]) Diodor 14, 113; Plutarch *Cam.* 18, *Numa* 12, 6 sqq.; Livius 5, 36. 8 sq.

[23]) A. Postumius wegen des caudinischen Friedens: statt aller Livius 9, 10; Clineas (Glicia?): Val. Max. 6, 3. 3; Zonaras 8, 18 D.; Q. Pompeius: Cicero *de off.* 3, 109; Velleius 2, 1. 5; Mancinus: Cicero *de off.* 3, 109; *de rep.* 3, 28; *de or.* 1, 181; 2, 137; Livius 56; Appian *Hisp.* 83; Dio C. *fr. Urs.* 164. — Die Darstellung bei Dio C. *fr. Peir.* 45 beruht wohl auf Missverständnissen des Epitomators; sonst würde sie einen weiteren Deditionsgrund ergeben: Nichtachtung eines feierlichen Bündnissvertrages.

[24]) Vgl. Labeo 2, 239.

[25]) Sitzungsber. d. B. Akad. 1886 S. 1187 (Sacralrecht 2, 19).

[26]) Fälle leichterer Art bei Marquardt, Staatsvw. 3, 257 f.

keinen Theil an ihm haben will. Dahin geht die Deditionsformel ausdrücklich, *ob eam rem, quo populus R. sceleri impio sit solutus, hosce homines vobis dedo*[27]). Hiernach kann man die Befugniss zur Dedition nur in einem Gewaltverhältnisse des Staates zu dem einzelnen Bürger finden: denn die Dedirten sind nicht ausschliesslich Beamte; die Beleidiger der Gesandten von Apollonia sind zur Zeit der Beleidigung und Dedition zwar Senatoren, aber nicht im Amte; die Consuln des caudinischen Vertrages werden nach Niederlegung des Amtes dedirt. Darauf führt die bei Cicero begegnende Zusammenstellung des Vaters, der seinen Sohn, und des Volkes, das seinen Bürger in die Fremde veräussert, mit dem dedirenden pater patratus[28]). Die Vergleichung ferner der privatrechtlichen noxae deditio hat das gleiche Ergebniss: denn noxae dediren darf nur der Gewalthaber wegen eines Verbrechens, das der Gewaltunterworfene unter eigener Verantwortlichkeit begangen hat. Zur Erklärung dieser Gewalt des Volkes wird man einmal darauf hinweisen dürfen, dass der Schutz, den der römische Staat seinem Bürger gewährt, zur Kehrseite das Recht, ja die Pflicht des Staates haben muss, sich des unwürdigen Bürgers zu entledigen. Man darf weiter sagen, dass der Bürger, der durch Wehr-, Steuer- und Frohnpflicht dem Staate mit Gut und Blut zur Verfügung steht[29]), ganz selbstverständlich die Aufopferung für die Wohlfahrt des Staates sich gefallen lassen muss. — Fasst man die Dedition so auf, so scheint als Unterlage der Uebergabe allemal ein Volksschluss unbedingt erforderlich: wie zur Aufnahme, so ist zur Ausstossung des Bürgers ein

---

[27]) Livius 9, 10. 9; *ep.* 56: ad exsoluendum foederis Numantini religione populum Mancinus . . . deditus. Dabei ist es überflüssig auf die Diftcleien über den caudinischen Vertrag: ob foedus ob sponsio, näher einzugehen. Beide sind ursprünglich sacral; und Livius, der Sponsion als Vertragsform annimmt, weiss die Dedition auch nur mit dem exsolui religione populum siqua obligauimus zu begründen. Vgl. übrigens Mommsen, Staatsrecht 1, 251 A. 1.

[28]) Cicero *de or.* 1, 171; *p. Caec.* 98. Manche nehmen an (Marquardt 3, 419), der pater p., der den Schuldigen dedire, werde „zum Vater geweiht", damit er wie ein Vater dediren könne. Das ist gewiss eine unrichtige Vorstellung. Denn der pater p. wird auch zu anderen unväterlichen Verrichtungen, z. B. zur clarigatio, in derselben Weise geweiht. Dann aber kann Niemand mehr Recht übertragen, als er selbst hat. Die Deditionsgewalt muss das Volk also haben; die väterliche kann ihm nicht zustehen.

[29]) Parerga II, 7 f.

„formales Gesetz“ die Voraussetzung. In der einzigen juristischen Ausführung, welche wir über das Verhältniss haben, von Q. Mucius Scaevola, ist denn auch der populus ausdrücklich als „die Dedition befehlend“ hingestellt[30]). Ebenso nimmt Cicero den Volksschluss als nothwendig an[31]). Und dasselbe meinen wohl die Schriftsteller, welche nur allgemein die „Römer“ die Dedition beschliessen lassen[32]). Dagegen wendet unzweifelhaft Fabius Pictor die Sache so, dass der Senat die Dedition giltig beschliessen darf, aber das Volk gegen das Herkommen den Beschluss rückgängig macht[33]). Es wäre denkbar, dass der Senat später die Dedition sich angemasst hätte; so wird im Jahre 518/236 bei der Auslieferung des Claudius Clineas nur der Senat erwähnt[34]). Die Fälle und die Voraussetzungen standen ja fest. Dann würde die Berufung ans Volk wirklich eine demokratische Neuerung sein, wozu sie Fabius machen möchte.

Weiter ist hierher zu stellen 5. die Absetzung des Beamten durch Volksschluss (*abrogatio imperii*)[35]). An ihrer staatsrechtlichen Zulässigkeit kann kein Zweifel sein[36]). Aber der Antrag bringt Gefahr, nicht dem Volke, das ihn genehmigt, wohl aber dem Beamten, der

---

30) Fr. 18 de leg. 50, 7: si quis legatum hostium pulsasset, contra ius gentium id commissum esse existimatur: quia sancti habentur legati .... itaque eum, qui legatum pulsasset, Quintus Mucius dedi hostibus, quorum erant legati, solitus est respondere: quem hostes si non recepissent, quaesitum est, an ciuis Romanus maneret? quibusdam existimantibus manere, aliis contra: quia *quem semel populus iussisset dedi*, ex ciuitate expulisse uideretur, sicut faceret, cum aqua et igni interdiceret. in qua sententia videtur Publius Mucius fuisse.

31) Cicero *de off.* 3, 109; vgl. Plutarch *Cam.* 18, 2; Livius 5, 36. 10.

32) Dio C. *fr. Urs.* 164: *οἱ Ῥωμαῖοι καὶ τὰς σπονδὰς ἔλυσαν καὶ τὸν Μαγκῖνον ἐκδοθῆναι ἔγνωσαν*; Appian *Hisp.* 83: *Μαγκῖνον δὲ ἔγνωσαν ἐκδοῦναι.*

33) Diodor 14, 113: *ἐψηφίσαντο παραδοῦναι τὸν κατηγορούμενον. ὁ δὲ πατὴρ . . . προεκαλέσατο τὴν δίκην ἐπὶ τὸν δῆμον καὶ . . ἔπεισεν ἄκυρον ποιῆσαι τὴν κρίσιν τῆς συγκλήτου. ὁ μὲν οὖν δῆμος τοῖς ἔμπροσθεν χρόνοις πάντα πειθόμενος τῇ γερουσίᾳ, τότε πρῶτον ἤρξατο διαλύειν τὸ κριθὲν ὑπὸ τῆς συγκλήτου* (vgl. Mommsen, röm. Forschungen 2, 286); und so fasst auch Plutarch *Numa* 12, 7 die Sache auf.

34) Val. Max. 6, 3. 3.

35) Natürlich nicht die blosse Aufforderung, das Amt niederzulegen.

36) Mommsen 1, 607. Er verweist namentlich auf den Wortlaut der lex Cassia (Asconius *in Corn.* p. 78): ut quem populus damnasset cuiue imperium abrogasset in senatu ne esset; und auf Tacitus *hist.* 3, 37 a. E. A. M. Rubino, Untersuchungen S. 29 f.

ihn stellt: den Göttern gefällt die Gewaltsamkeit des Vorgehens nicht[37]). Denn es ist kein Strafverfahren gegen den Magistrat, das etwa der privatrechtlichen *accusatio suspecti tutoris* entspräche, sondern eine auf das Staatsnothrecht gegründete Abwehrhandlung. So fasst die „verbreitetere Tradition“[38]) die Verbannung des Collatinus auf: der Consul wird lediglich wegen seiner Zugehörigkeit zum Königsgeschlechte, ausdrücklich nicht wegen irgend einer Schuld abgesetzt[39]). Diesem Muster ist das Verfahren des Gracchus gegen den Octavius nachgebildet. Die rechtliche Möglichkeit, den Tribunen abzusetzen, wird von keiner Seite angefochten[40]). Und so scheitern auch die sonst mehrmals unternommenen Versuche von Amtsabrogationen nie an Verfassungsbedenken[41]).

Endlich[41a]) gehört hierher auch 6. die Schöpfung und Verleihung einer ausserordentlichen Amtsgewalt. Dies Verhältniss aber bildet den Uebergang zu anders gearteten Volksschlüssen. — Die Staatsverfassung, wie jede rechtliche Ordnung, kann nur aufgehoben werden durch ein Gesetz: das gilt nicht bloss von einer allgemeinen neuernden Abänderung, sondern auch von der Durchbrechung für den Einzelfall; davon gleich weiter. Allein die römische Staatsordnung beruht auch auf dem Gewohnheitsrechte. So ist es denkbar, dass ein oft im Einzelfalle wiederholter Bruch der Verfassung allmählich zur dauernden Einrichtung wird, ähnlich wie im Privatverkehre hergebrachte Abreden zu selbstverständlichen Bestandtheilen der Rechtsgeschäfte werden. Das Paradigma einer solchen Entwickelung ist die Erstreckung

---

[37]) Obsequens 130; Dio 46, 49.

[38]) Schwegler, R. Geschichte 2, 43 A. 2.

[39]) Cicero *Brut.* 53: qui (Brutus) conlegae suo imperium abrogauerit, ut e ciuitate regalis nominis memoriam tolleret; *de off.* 3, 40; Livius 2, 2. 3;

[40]) So namentlich in der Darstellung von Appian *b. c.* 1, 12. Freilich Plutarch (*Tib. Gr.* 11, 2) nennt das Vorgehen ἔργον οὐ νόμιμον οὐδ' ἐπιεικές; aber er erzählt zugleich, es sei nicht blos den Vornehmen, sondern auch der Masse zu leidenschaftlich erschienen: das stimmt nicht zusammen. Die Schrift *de uir. ill.* 58 meint: *nouo exemplo* sei Gracchus aufgetreten.

[41]) Die Abrogationen finden, soweit zu sehen, wesentlich bei prorogirtem Amte statt: Asconius p. 78 Or.; Livius 7, 56 (anders Appian *Hisp.* 83); 67; Livius 22, 25. 10; 27, 20 sq.; 29, 19. 6; Plutarch *Pomp.* 51, 2; Asconius *in Corn.* p. 71; Cicero *ad Q. fr.* 2, 3. 2 (*ep.* 1, 5a. 2); *de domo* 83; Velleius 2, 2. 3.

[41a]) Vgl. noch Mommsen, Staatsrecht 3b, 1065, 1.

der Amtsgewalt über das Jahr hinaus. Die Jährigkeit der Aemter ist Verfassungsgrundsatz; sie kann, wie der Ausdruck *prorogare* zeigt, nur durch Volksschluss für besondere Bedürfnisse beseitigt werden[42]. Indess, die Ausdehnung des Amtes auf ein zweites Jahr wird das verfassungsmässige Mittel, die Statthalterposten zu besetzen[43]: seitdem erfolgt die Verlängerung zu diesem Zwecke lediglich durch Senatsschluss[44]. Die übrigen Prorogationen bleiben grundsätzlich dem Volke vorbehalten; wenigstens in ausserordentlichen Fällen hat es immer selbst eingegriffen[45]. Ganz ebenso ist es eine Beiseiteschiebung der Verfassung, wenn neben den ordentlichen Jahresbeamten oder an ihrer Stelle ein Mann oder ein Collegium mit besonderen Befugnissen ausgestattet wird. Deshalb bedarf es dazu allemal eines (materiellen) Gesetzes, welches die ausserordentliche Gewalt nach Voraussetzungen, Umfang und Dauer feststellt. Zugleich aber ist natürlich auch ein Wahlakt erforderlich, der das fertige Amt überträgt. Beides kann in eins zusammengezogen, also ein „Gesetz" beantragt werden, das eine

---

[42]) Dass dabei die lex Iulia Claudia v. 214/540 mit eingewirkt habe (Lange 2, 653), wäre dem hier überall vertretenen Entwickelungsgange ganz entsprechend; aber es ist höchst unwahrscheinlich: dieses Nothgesetz (Festus p. 351 M. v. triginta lictores) bestimmt wahrscheinlich, dass bei Belassung des Commandos die lex curiata nicht wiederholt zu werden brauche (so nach der Vermuthung von Mommsen bei Bruns p. 373). Es konnte also, wenn man diese Festsetzung als dauernde auffasste, doch nur das formale Curiatgesetz, nicht das Plebiscit beseitigen.

[43]) Livius 8, 23. 12; 26, 7; 9, 42. 2; 10, 22. 9; Mommsen 3[b], 1090 will die Befugniss des Senats zur Amtserstreckung an die naturgemässe Regel anknüpfen, dass der Feldherr in seiner Stellung bleibt bis zur Ablösung durch den Nachfolger: der Senat habe zuerst den Amtsnachfolger veranlasst, die Ablösung zu verschieben. Indess damit wäre gerade der wichtigste Fall nicht getroffen: die Erstreckung des städtischen Amtes. Denn selbstverständlich gilt jene Regel nur für das imperium militare (Mommsen 1, 640 ff.). Legt man sich die Sache, wie im Texte geschehen ist, zurecht, so wird man dem Senate nicht ohne Weiteres das Recht zur Aberkennung des erstreckten Amtes zuschreiben können: denn dann erscheint es als ordnungsmässig verliehen und nur durch Souveränetätsakt entziehbar. Und dafür spricht immerhin Livius 29, 19, 6: Scipio soll durch Senatsschluss zurückgerufen und die Tribunen sollen veranlasst werden, seine Absetzung beim Volke zu beantragen. Diese Unterscheidung sieht doch wie eine staatsrechtlich nothwendige aus (vgl. auch Livius 41, 6, 2: Gesetzvorschlag wegen Aberkennung eines prorogirten Imperium).

[44]) Polybius 6, 15. 6.

[45]) Velleius 2, 46. 2; Appian *b. c.* 2, 18; Plutarch *Cato min.* 43. Der Fall des Aurunculeius bei Livius 27, 22. 6 ist unklar.

bestimmt bezeichnete Amtsgewalt einer bestimmt bezeichneten Person verleiht: dann liegt eine Vermischung von Gesetz und Wahlakt vor. Einen juristischen Unterschied macht das indess nicht, wie es heut zu Tage gleichgiltig ist, ob die Regierung sich zur Ertheilung des Zwangsenteignungsrechtes durch „Gesetz“ ermächtigen oder das Recht sogleich durch das „Gesetz“ an eine bestimmte Person verleihen lässt[46]). Aber freilich ist das erste Verfahren correcter und hat nicht geradezu den Anschein eines Privilegiums. In der Mehrzahl der Fälle wird demgemäss Gesetz und Wahlakt getrennt gehalten: beim Decemvirate, bei den Coloniegründungen[47]), sogar bei den ausserordentlichen Gewalten der späteren Zeit[48]). Bei den wiederholt gewählten Collegien, wie bei den duo uiri aedibus dedicandis, ist man weniger vorsichtig: der Inhalt ihres Amtes stand fest und sie hatten sich unter dem Einflusse der immer wiederkehrenden Gelübde fast zur verfassungsmässigen Einrichtung herausgebildet[49]).

Von diesen Fällen, wo das Amt zugleich geschaffen und besetzt wird, sind die anderen begrifflich zu scheiden, wo ein „Privater“ ein ordentliches Amt, namentlich eine Feldherrnstelle, erhält. Das sind einfach Wahlakte, bei denen von den gesetzlichen Erfordernissen der Wahlfähigkeit abgesehen wird. So bei der Wahl des älteren wie des jüngeren Scipio Africanus[50]); bei der des Marius für den mithridatischen Krieg verbindet die lex Sulpicia damit den Antrag auf Amtsentsetzung Sullas[51]).

[46]) Gerber, Abhandlungen S. 484 f.

[47]) Vgl. Mommsen 2, 609. Bei den Dreiherren des J. 536/218 scheint Gesetz und Wahl geschieden zu sein (Livius 23, 21. 6); vgl. auch *l. agr.* 77: [II uir in diebus proximis qu] ibus II uir ex h. [l. fact]us creatusue erit.

[48]) Im Einzelnen lässt sich das freilich nicht genau verfolgen: die l. Valeria über Sullas Dictatur nannte den Namen nicht, Sulla wurde vom Interrex zum Dictator gemacht: Appian *b. c.* 1, 98 sq.; Cicero *ad Att.* 9, 15. 9; eben so wenig die lex Gabinia den Pompeius: *ἄντικρυς μὲν γὰρ τὸ τοῦ Πομπηίου ὄνομα οὐκ εἶπεν* (Dio Cass. 36, 6); wohl aber die l. Manilia (Plutarch *Pomp.* 30; Dio C. 36, 25), die l. Messia (Cicero *ad Att.* 4, 1. 7; Livius 104) den Pompeius, die l. Vatinia den Caesar (Schol. Bob. *in Vat.* p. 317; Dio C. 38, 8), allem Anscheine nach die l. Clodia über die Einziehung Cyperns den Cato (Velleius 2, 45. 4) und die l. Titia die Triumvirn (Appian *b. c.* 4, 7).

[49]) Livius 23, 30. 13; Mommsen 2, 621.

[50]) Livius 26, 18. 4; 28, 13. 11; Appian *Pun.* 112: *τὸν δῆμον εἶναι κύριον τῶν ἀρχαιρεσιῶν καὶ τῶν περὶ αὐτῶν νόμων ἀκυροῦν ἢ κυροῦν ὃν ἐθέλοιεν.*

[51]) Velleius 2, 18. 6; Plutarch *Mar.* 35, 4.

III.

Zu diesen höchsten Aeusserungen der Staatsgewalt, von manchen sogar für die heutige Zeit zu den „Verwaltungsbefugnissen“, werden auch Privilegienhoheit und Dispensationsrecht gezählt[1]). Römische Auffassung ist dies nicht. Man hat I. grundsätzlich daran festgehalten, dass die Entbindung von den Gesetzen (*legibus soluere*) im Einzelfalle lediglich durch Gesetz erfolgen könne[2]). Unzweifelhaft hatte der Senat vielfach dispensirt, und das war hingegangen; aber ebenso unzweifelhaft erschien dies nicht als Recht, sondern als Anmassung: der im Senatusconsulte verfassungsmässig vorzubehaltende Volksschluss wurde nicht eingeholt. So sind denn auch noch in späterer Zeit Entbindungen von Gesetzen durch Volksschluss ohne Widerspruch des Senats erfolgt[3]). Damit stimmen die Verhandlungen über die lex Cornelia: die Senatspartei widerstrebt, weil ihr eine Machtverminderung droht, und die Comitien erhalten mindestens formell ihre alte Befugniss zurück[3a]). Der Grund für diese Gestaltung der Sache kann nur darin liegen, dass nach römischer Auffassung ein Rechtssatz lediglich durch einen anderen Rechtssatz aufgehoben werden darf. Man empfand die formale Natur des Dispensbeschlusses nicht; denn man legte das Gewicht darauf, dass der Einzelfall objectiv neu geordnet wurde. Das geht einmal daraus hervor, dass Entbindungen einzelner Personen vom Gesetze mit der Befreiung ganzer Personenklassen, also die leges personales mit dem ius singulare in ursächlichen Zusammenhang gebracht werden[4]). Dann aber liegt es darin ausgesprochen, dass die

---

[1]) Gerber, Grundzüge d. Staatsrechts S. 168; Abhandlungen S. 484; Brinz, Pand. 1, § 69 S. 222.

[2]) So geschieht es beim Dictator: latoque ut solet ad populum, ut equum ascendere liceret (Livius 10, 13. 9; 23, 14. 2); so bei L. Metellus: tribuit ei p. R. quod nulli alii condito aeuo, ut quotiens in senatum iret curru ueheretur ad curiam (Plinius *h. n.* 7, 43. 141).

[3]) Bewerbung um das Consulat in Abwesenheit wird dem Pompeius (692/62) und dem Caesar (702/52) durch das Volk gestattet: Cicero *de rep.* 3, 33 (Lactantius *inst.* 6, 8); schol. Bob. p. 302; Livius 107; Cicero *ad Att.* 8, 3. 3; Appian *b. c.* 2, 25: *τοὺς δὲ δημάρχους ἔπεισεν ἐσηγήσασθαι νόμον, ἐξεῖναι* **Καίσαρι** *τὴν δευτέραν ὑπατείαν ἀπόντι μετιέναι.* Hierher gehört auch die eigenthümliche Auskunft Livius 31, 50. 7 sqq.: das Volk beschliesst, dass für den flamen dialis, der nicht schwören darf, ein Anderer den Eid auf die Gesetze leisten solle.

[3a]) Asconius *in Corn.* p. 57 sq.; Dio C. 36, 22.

[4]) Es ist eine häufige Erscheinung, dass das ius singulare gewisser Personen-

Entbindung vom Gesetze durch eine Fiktion vermittelt wird: sie verhüllt in solchem Falle stets einen Rechtssatz[5]). So geschieht es bei der Fecenia Hispalla. Das ihr verliehene „Privilegium“ besteht in der Befreiung von den gesetzlichen Heiraths- und Verfügungsbeschränkungen der Frauen: der zum Gesetze erhobene Senatsschluss ist uns anscheinend wörtlich erhalten: *utique Feceniae H. datio* [capitis?] *deminutio gentis enuptio tutoris optio item esset, quasi ei uir in testamento dedisset, utique ei ingenuo nubere liceret*[6]).

Unter diesen Umständen ist es erklärlich, dass der Senat im besonderen Falle einen anderen Weg einschlug, der thatsächlich sicher zur Entbindung vom Gesetze führte: er wies den zuständigen Beamten an, das Gesetz für bestimmte Personen nicht zur Anwendung zu bringen. Rechtlich bindend ist für die Magistrate dieses „Mandat“ nicht; aber sie fügen sich[7]). Das Gegenstück zu dieser Bevorzugung ist der Fall, wo der Senat eine Zurücksetzung einzelner Personen durch Nichtanwendung des Gesetzes auf sie herbeiführt. Mehrfach wird beschlossen, dass Soldaten wegen schlechtes Verhaltens im Felde die schon erstandene Dienstzeit nicht angerechnet werden solle. Natürlich konnte dies ohne Weiteres durch Volksschluss angeordnet werden[8]). Aber der Senat erreichte thatsächlich dasselbe, wenn er einfach den Consul anwies, bei der Aushebung die Dienstjahre nicht zu berechnen[9]). Gewiss konnte hier intercedirt werden; aber sind die

---

klassen an die constitutio personalis zu Gunsten einer Person der Klasse angeknüpft wird. So sind die der Gaia Taracia durch das horazische Gesetz gewährten Freiheiten eben nur die der Vestalinnen (Gellius 7, 7. 2).

[5]) Vgl. Hölder, Archiv f. civ. Praxis 69, 222 f.

[6]) Livius 39, 19. Aehnlich Livius 25, 5. 8: ut qui minores XVII annis sacramento dixissent, eis perinde stipendia procederent, ac si XVII annorum milites facti essent; lex Gen. 66: pontificibus auguribusque . . . militiae munerisque publici uocatio sacrosanctius esto *aeraque militaria ei omnia merita sunto.*

[7]) So wörtlich SC. de Asclepiade Z. 25 (Bruns p. 161): *ἄρχοντες ἡμέτεροι οἵτινες ἂν ποτε Ἀσίαν Εὔβοιαν μισθῶσιν ἢ προσόδους Ἀσίᾳ Εὐβοίᾳ ἐπιτιθῶσιν* (imponent uectigalia), *φυλάξωνται μήτι οὗτοι δοῦναι ὀφείλωσιν.* Aehnlich beim Amphiaraostempel in Oropos, wenigstens in der massgebenden Senatsentscheidung (Z. 23 Bruns p. 164): *περὶ χώρας Ὠρωπίας . . κατὰ τὸν τῆς μισθώσεως νόμον αὕτη ὑπεξειρημένη ἐστίν, ἵνα μὴ ὁ δημοσιώνης καρπίζηται.* Vgl. Cicero *Phil.* 9, 7. 17: senatum censere . . aedilis curulis edictum quod de funeribus habeant S. Sulpicii funeri remittere (vgl. S. 9 A. 6).

[8]) Frontin *Strateg.* 4, 1. 22.

[9]) Val. Max. 2, 7. 15; Frontin a. a. O.

Tribunen einverstanden, so ist das privilegium odiosum fertig. Man sieht das aus der Behandlung der eidbrüchigen Gefangenen von Cannae, die die Censoren gerügt hatten, sie werden auf Senatsschluss zum sicilischen Heere geschickt, und dies soll nicht vor Beendigung des Krieges entlassen werden[10]).

II. „Privilegien" werden hier in dem Sinne von subjectiven Bevorrechtungen genommen: es werden Befugnisse an Private verliehen, die ausserhalb der gemeinen Rechtsordnung liegen; entweder sind sie darin nicht vorgesehen und deshalb in den gewöhnlichen Formen nicht zu erwerben, wie die Bannrechte waren, oder es sind staatliche, den Privaten unzugängliche Befugnisse, wie das Enteignungsrecht[11]). Zur Zeit der römischen Republik und der ersten Kaiser kommen solche Verhältnisse überhaupt nicht vor. Ueber die rechtliche Gestaltung 1. der römischen Monopole ist bei der Dürftigkeit der Quellen schwer etwas zu sagen; jedesfalls erscheinen die Inhaber nicht als „privilegirt" im heutigen Sinne. Der Grund ist klar. Die Salinen von Ostia sind eine uralte Staatseinrichtung[12]). Sie werden verpachtet. Die Pächter können den Preis beliebig steigern. Denn sie haben keinen irgend erheblichen Wettbewerb zu befürchten, selbst dann nicht, als Privatsalinen in Italien und in den Provinzen auftauchen[13]): der Ueberfluss und die Wohlfeilheit des Salzes sind sehr junge Errungenschaften. Der Salzpreis wird später durch den Pachtvertrag auf ein bestimmtes Mass beschränkt[14]): alles das erklärt sich ohne Privilegium. Ganz ebenso steht es mit dem Zinnober, der echt nur in einzelnen Staatsgruben gefunden wurde[15]), und sich deshalb im Preise hielt. Die Pächter haben also nur ein thatsächliches Monopol[16]). Dagegen könnte man 2. hierher ziehen die Verleihung der pignoris capio an die Publikanen (als Analogon der Zwangsenteignung) und die Begründung einer Art von Zwangs- und Bannrechten im Bergwerksbe-

[10]) Livius 24, 18. 9.

[11]) Gerber S. 478 f.

[12]) Livius 1, 33 a. E.

[13]) Fr. 5 § 2 de reb. cor. 27, 9; fr. 32 § 3 de usufr. leg. 33, 1.

[14]) Livius 2, 39. 6; 29, 37. 3.

[15]) Plinius *h. n.* 33, 7. 118.

[16]) Das Igelmonopol bei Plinius *h. n.* 8, 37. 135 ist mir in seinen näheren Beziehungen unverständlich. Jedesfalls ist dabei Senat und Princeps, also der Souverän der Kaiserzeit, betheiligt.

zirke von Vipasca. Beides beruht nicht auf Volksgesetz oder Senatsschluss, sondern auf der lex censoria[17]) und der lex metalli[18]). Aber in diesen beiden Fällen ist das Verhältniss so, dass eine magistratische Befugniss auf halbamtliche Personen übertragen wird. Beide Male handelt es sich um die pignoris capio. Im ersten Falle dient sie dem Publikanen als wirksames Mittel der Zwangsvollstreckung gegen säumige Steuerzahler, also gegen Staatsschuldner. Im anderen Falle wird den Pächtern gestattet, Handwerker auszutreiben, die sich ohne ihre Erlaubniss als Concurrenten im Bezirke niederlassen: dazu soll ihnen auch die p. capio zustehen[19]). Dasselbe Mittel wird ihnen aber auch zur Abwehr anderer Störungen gewährt[20]). Sie sollen eine ähnliche Gewalt im Bergwerke und in dessen Bezirke haben, wie Beamte; und so erzwingen sie den Gehorsam für ihre Befehle eben wie diese. Dass den Consuln und Statthaltern das Recht zusteht, unbequeme Fremde aus ihren Gebieten zu vertreiben, ist nicht zweifelhaft[21]). Hier wird dies Recht von den Publikanen geübt, nicht von den ansässigen Handwerkern selbst, zu ihrem eigenen und damit zum allgemeinen Wohle, nicht zu Gunsten der durch den Wettbewerb bedrohten Handwerker. Die Bannrechte dieser kommen danach auf einem weiten Umwege zu Stande, während im modernen Rechte die Befugniss als fertiges Ausschliessungsrecht dem Privaten eingeräumt wird.

Es ist klar, dass eine solche ausserhalb des gemeinen Rechtes liegende Befugniss nur durch einen neuen Rechtssatz ins Leben gerufen werden kann. Denn nicht ein bereits bestehendes und bestimmtes Recht soll einer Person verliehen, sondern es muss überhaupt erst der „objective Bestand“, der juristische Rahmen des Rechtsverhältnisses geschaffen werden. Für die Zwecke der processualischen Geltendmachung konnte dies der Prätor durch eine a. in factum erreichen; aber um eine allseitige civile Wirkung zu begründen, bedurfte es des Eingreifens der Gesetzgebung. Denkbar ist es, dass, wie bei den

[17]) Gaius 4, 28; Parerga II, 127 f.

[18]) Ueber den Charakter streitet man: ob Gesetz oder Vertrag: das letztere ist das richtige.

[19]) L. met. Z. 40 (Bruns p. 249): conductori socio actoriue eius pignoris captio esto; Z. 46: pignus conductori socio actoriu[e eius capere liceto].

[20]) Z. 50—53.

[21]) Cicero *p. Sest.* 30; Livius 41, 9. 9; 42, 10. 3; 39, 3. 5; Appian 1, 23; Josephus *ant.* 18, 3. 5; Mommsen 2, 139.

ausserordentlichen Aemtern, gewisse ausserordentliche Privatrechte gewohnheitsmässig ausgestaltet sind, und dass die Voraussetzungen ihrer Verleihung feststehen: dann würde die Uebertragung einfache Verwaltungssache sein.

Dies Verhältniss begegnet bei einer Art sogenannter Privilegien. Man bezeichnet so gewisse persönliche „Befugnisse und Freiheiten ohne die gemeinen oder natürlichen Voraussetzungen“[22]), im römischen Rechte: das Bürgerthum, die Ingenuität, die goldenen Ringe. In der Verleihung dieser Vorzüge liegt eine Begünstigung des einen Standesgenossen, aber keine Zurücksetzung der übrigen: sie ist die im Gnadenwege erfolgende Einräumung einer volks- und privatrechtlich höheren Stellung, als wozu den Beliehenen seine Geburt befähigt. Aus republikanischer Zeit ist nur die Erhebung in den Bürgerstand hierher zu stellen[23]). Sie ist immer durch lex, also regelmässig durch Volksschluss[24]), ausnahmsweise auch durch lex data bewirkt worden;

---

[22]) Brinz, Pand. 1, 225, 4.

[23]) Die Verleihung der goldenen Ringe kommt in republikanischer Zeit nur hie und da vor. Kein Fall kann so aufgefasst werden, dass damit wirklich der Ritterstand begründet würde (a. M. Daehne, de i. aur. ann. p. 28). Dass Balbus in Gades als Quästor goldene Ringe vertheilt und die Beliehenen „auf die Rittersitze führt“ (Asinius Pollio bei Cicero *ep.* 10, 32. 2), hat gar keine Bedeutung für Rom; Balbus wollte, wie er selbst sagt, Caesar spielen. Wenn Verres seinem Schreiber den Ring giebt (Cicero *Verr.* 3, 185 sqq., vgl. 1, 57), so zeigen Ciceros Aeusserungen darüber, dass er den Menschen nicht für ritterbürtig hielt. Die ganz verworrene Bemerkung des Acro zu Horaz *Sat.* 2, 7. 53: non licebat equitibus Romanis annulis uti, nisi a praetoribus donati fuissent; annulo ergo equestri, quem quasi eques bonus a praetore meruisti, lässt sich noch am Besten so verstehen, dass der Ring als militärische Auszeichnung vom Feldherrn verliehen wurde: dazu würden auch die beiden oben erwähnten Fälle stimmen. Dann wäre aber damit gerade eine an den Ring geknüpfte Würde verneint. Noch eher liesse sich denken, dass Sulla als Dictator den Schauspieler Roscius durch den Ring habe zum Ritter erheben wollen (Macrobius *Sat.* 3, 13. 13 [2, 10]). War das aber bei der Bescholtenheit der Schauspieler möglich? oder war Roscius später unbescholten? Cicero sagt in seiner Vertheidigungsrede von dem Vorfalle nichts, das spricht für seine Bedeutungslosigkeit. Denkbar wäre, dass die schlaffe Praxis der spätrepublikanischen Periode thatsächlich über diese Anmassung hinwegsah, und dass der Plebejer so zum Ritter wurde (Mommsen 3, 517 f.). Die wirkliche Verleihung von Ritteradel und Freibürtigkeit gehört erst der Kaiserzeit an und tritt da durchaus als kaiserliches Privilegium auf.

[24]) Lange, röm. Alterthümer 1, 513 f.; 2, 594 nimmt an, die Civität sei ursprünglich von den Consuln verliehen auf Grund des „Imperiums und der censorischen

sie ist also nicht, wie heutzutage, ein Akt der Staatsverwaltung und als solcher ein gegenseitiges Rechtsgeschäft[25]). Der tiefere Grund dieser verschiedenen Behandlung wird darin liegen, dass das griechische und römische Bürgerthum als Stadtbürgerthum und damit als Stammesangehörigkeit gedacht ist, während es bei uns die Aufnahme in den staatlichen Unterthanverband bedeutet[26]). Darum wird 1. die Zulassung in die Bürgerschaft genau so behandelt, wie die Aufnahme in jede andere Genossenschaft. Dafür ist die cooptatio (adlectio) die allgemeine Form, d. h. der Mehrheitsbeschluss des verfassungsmässig zusammentretenden Vereins[27]). Und diese Form zeigt denn auch die typische *cooptatio* (*inter patricios*) des App. Claudius und seiner Sippe[28]). Das Volk wird zwar nie als corpus oder collegium bezeichnet, eben so wenig wie seine Theile, Curien, Tribus, Gentes[29]); aber es ist für alle corpora das Urbild und das Muster. An dieser Auffassung wird dadurch nichts geändert, dass das Bürgerrecht „angenommen" werden muss: auch wer Mitglied einer Genossenschaft werden will, muss seinen Willen kundgeben, wohl gar Eintrittsgeld bezahlen[30]). Damit wird der Aufnahmeakt nicht zum Vertrage, so wenig wie die Arrogation dadurch, dass der Arrogandus sein Vollwort dazu geben muss. Wie dieser *auctor fieri debet*, so muss der Neubürger *fundus fieri*; und beide Formeln ergeben deutlich, dass es sich dabei nicht um Annahme eines Angebotes, sondern um Bestätigung eines Beschlusses handelt: das Vollwort aber kann, wie die

---

Gewalt", später habe man einen Senatsschluss eingeholt. — Die Berufung auf Servius, der die Plebejer zu Bürgern machte, beweist m. E. nichts: denn die servianische Verfassung wird als lex, oder doch als lex data vorgestellt. Livius 3, 29, 6 u. 6, 26. 8 nennt die das Bürgerrecht verleihende Behörde nicht; der Senatsschluss zu „Gunsten" der Tusculaner steht mit der Erlangung der Civität in keinem Zusammenhange. Bei Livius 8, 14 ist nur der Senatsschluss mitgetheilt, der der lex vorausgieng: gefehlt kann sie hier nicht haben: denn einmal giebt es keine Coloniegründung, wie sie hier in Frage steht (§ 7 sq.), ohne lex; und dann wird drei Jahre später der Volksschluss als etwas Selbstverständliches ausdrücklich erwähnt (Livius 8, 17. 12).

[25]) Laband 1, 157 f.

[26]) Freeman, comparative politics p. 90, p. 384 s.

[27]) Vgl. S. B. 1886 S. 1181.

[28]) Livius 4, 4. 7; 10, 8. 4; Sueton *Tib.* 1; vgl. Mercklin, Cooptation S. 19 ff.

[29]) Mommsen 3, 100 f., 189.

[30]) Parerga II, 104 f.

auctoritas patrum und *tutoris* zeigen, auch vorweg ertheilt werden[31]). Dass man aber 2. diese Verleihung durch Volksschluss beibehielt, auch als das Stadtbürgerrecht sich immer mehr zum Reichsbürgerrechte ausweitete, ist erklärlich. Es gab keine gesetz- oder auch nur gewohnheitsmässigen Normen für die Erlangung des Bürgerrechtes; sie müssen immer im besonderen Falle festgestellt werden; die Fragen der persönlichen Würdigkeit und der politischen Zweckmässigkeit werden immer von Neuem frei geprüft. So enthält also in der That jede Civitätsverleihung die Aufstellung eines Rechtssatzes. Besonders klar wird das durch die weitere Entwickelung. Im Laufe der Zeit bilden sich für den Eintritt der Peregrinen, namentlich der Latiner, in den Bürgerverband allgemeine Regeln aus: hier wird er durch Verwaltungsakte vermittelt. Dies zeigt sich schon bei der Verleihung der Civität durch den Feldherrn auf Grund besonderer Volksschlüsse[32]); indess kann man dabei immer noch an leges datae denken. Anders dagegen, wo der Ankläger eines Statthalters das Bürgerrecht nach siegreichem Strafverfahren erhält[33]), beim maius und minus Latium, bei der causae probatio[34]), vielleicht auch bei missio honesta[35]). Das Verfahren lässt sich hier nur so vorstellen, dass der Latine mit der gehörigen Bescheinigung seiner Heimathsbehörde oder des Prätors sich beim Censor anmeldet und in die Listen eintragen lässt. Er wird nicht sofort als Bürger fingirt; denn es hat ihm zweifellos auch freigestanden, Peregrin zu bleiben. Wäre er durch die Verhältnisse selbst Bürger geworden, so hätte er beim Census erscheinen müssen.

Dieselbe Entwickelung lässt sich bei „Privilegien“ ganz anderer Art beobachten, über die wir freilich für die frühere Zeit nur mangelhaft unterrichtet sind.

Zuerst 1. beim Marktrechte.

Dies Recht wird in der Kaiserzeit an Private lediglich durch

---

[31]) So ist Livius 23, 20. 2 zu verstehen: ciuitate cum donarentur ob uirtutem, non mutauerunt; vgl. Cicero *Brut.* 55.

[32]) Vgl. Mommsen 3, 135 (Cicero *p. Balbo* 32 sq.; 48).

[33]) *L. rep.* 76: sei quis eorum quei ceiuis R. non erit, ex hace lege alterei nomen . . . detolerit, et is eo ioudicio hace lege condemnatus erit, tu[m eis quei eius nomen detolerit . . . . *sei volat* ipse filieique] . . . ceiueis Romanei iustei sunto . . .

[34]) Gaius 1, 28 sq.; 95 sq.

[35]) Darüber jetzt Mommsen 3, 135 ff.; 2[b], 890 f.

Senatsschluss gegeben[36]), d. h. es wird vom Souveräne bewilligt. Hier handelt es sich nicht um Begründung eines neuen Rechtes, sondern um Aufgabe einer städtischen Ausschliessungsbefugniss. Wie die Stadt aus dem forum und conciliabulum erwachsen ist, so hat sie die Marktgerechtigkeit stets für sich allein in Anspruch genommen[37]). An diesem Punkte zeigt sich deutlich, dass nach antiker Anschauung Stadt und Staat eins sind: der Staat tritt das städtische Vorzugsrecht an Private ab. Es versteht sich, dass hier nur die höchste Staatsgewalt handeln kann, dass also in republikanischer Zeit das Volk gehandelt hat. Das wird da anders, wo das Volk einen Beamten mit der Anlage einer Landstrasse betraut hat. Ausdrücklich oder selbstverständlich liegt in diesem Auftrage auch die Ermächtigung zur Gründung von Marktflecken, die dem Strassenverkehre dienen sollen. Ihnen wird das Marktrecht vom Stifter verliehen, und nach diesem nennen sie sich[38]).

Genaueres lässt sich 2. über die Fälle sagen, wo Privaten die Benutzung öffentlicher Grundstücke gestattet wird. Eine solche Ueberlassung konnte nur durch Volksschluss und was ihm gleichstand erfolgen[39]), in der Kaiserzeit also lediglich durch Senatsschluss oder kaiserliche Verfügung[40]). Das Gegenstück dazu ist, dass auch der einmal gewährte Gemeingebrauch eines Grundstückes lediglich durch „Gesetz" aufgehoben oder eingeschränkt werden kann[41]). Der Grund

[36]) Sueton *Claud.* 12: a consulibus petiit; Plinius *ep.* 5, 4; Mommsen 2^b, 851 (vgl. fr. 1 de nund. 50, 11; SC. de nund. salt. Beg. a. 138 Bruns p. 185).

[37]) Brinz S. 225 denkt an sacrale Bestimmungen: wie mir scheint ohne Anhalt.

[38]) Marquardt, Stvw. 1, 12.

[39]) L. Iul. mun. Z. 70: nei quis in ieis loceis inue porticibus quid inaedificatum inmolitumue habeto . . . neue eorum quod saeptum clausumue habeto quo minus eis loceis porticibusque utatur pateatue, *nisi quibus uteique leg(ibus) pl(ebei)ue s(citis) s(enatus)ue c(onsultis) concessum permissumue est*; fr. 2 pr. ne q. in l. publ. 43, 8.

[40]) Fr. 3 ne q. in l. sacr. 43, 6 (propter fortuita incendia?); fr. 14 § 2 de seru. 8, 1; fr. 18 § 1 de aq. pl. 39, 3; fr. 1 § 42 de aq. cot. 43, 20: idque a principe conceditur; alii nulli competit ius aquae dandae.

[41]) Fr. 2 de flum. 43, 12: quo minus ex flumine publico ducatur nihil impedit, nisi imperator aut senatus uetet, si modo ea aqua in usu publico non erit; sed si aut nauigabile est, aut ex eo aliud nauigabile fit, non permittitur id facere. Der Schlusssatz von *si modo* ab scheint erst ein Zusatz der Compilatoren, die dadurch diese Stelle überhaupt für sich verwendbar machten. Ein öffentlicher Fluss, der nicht im Gemeingebrauche steht, soll erst noch entdeckt werden.

dafür ist wohl darin zu suchen, dass über unbewegliches Gemeindegut eben nur die Gemeinde selbst verfügt[42]), wo nicht einem Beamten ein besonderer Auftrag ertheilt worden ist. Dies führt Nerva in fr. 3 § 4 quod ui 43, 24[43]) aus:

> plane si praeses uel curator reipublicae permiserit in publico facere, Nerva scribit exceptionem locum non habere, quia, et si ei locorum, inquit, publicorum procuratio data est, concessio tamen data non est. hoc ita uerum est, si non lex municipalis curatori reipublicae amplius concedat. sed et si a principe uel ab eo, cui princeps hoc ius concedendi dederit, idem erit probandum.

Es ergiebt sich daraus, dass auch hier die Ueberlassung des Gebrauches zum Verwaltungsakte wurde, sobald gesetzlich die Grundlage festgestellt war, auf der sie erfolgen durfte. Dem entspricht es durchaus, dass die Publikation, d. h. die Eröffnung des Gemeingebrauches an Strassen u. s. w. immer durch ein Edict des mit dem Strassenbaue „gesetzlich" betrauten Beamten geschieht[44]), dass aber dies Edict nur durch „Gesetz" zurückgenommen werden kann[45]).

Diese für das Staatsrecht nachgewiesene Entwickelung wirft auch auf einige Institute des Privatrechtes Licht. Dass die *remotio suspecti tutoris* und die *interdictio prodigi* eine gesetzliche Grundlage wirklich haben oder zu ihrer Rechtfertigung von der Rechtslehre untergeschoben erhalten, ist schon anderweit hervorgehoben worden[46]). Weshalb das geschieht, ist, wie mir scheint, nunmehr klar: der Prätor handelt hier nicht auf Grund seines Imperiums, sondern er vollzieht einen Verwaltungsakt, dessen Voraussetzungen und Rechtswirkungen gesetzlich bestimmt sind; daher bringt er civile Folgen hervor[47]).

---

[42]) Vgl. l. Iul. Gen. 82.

[43]) Ueber die Stelle S. B. 1885 S. 470 A. 4.

[44]) Labeo 1, 269 f.

[45]) A. M. ist freilich über diese Verhältnisse Mommsen, Staatsrecht 2, 434, 508; 3^b, 1116.

[46]) Festgabe f. Beseler S. 70 f.

[47]) Die Unterscheidung Ubbelohdes (Zschr. f. Privat- u. öff. R. 4, 671 ff.) zwischen einer civilen und „honorarischen" cura prodigi mit verschiedenen Wirkungen hat m. W. nirgends Anklang gefunden; man hat aber auch nicht auf den dagegen entscheidenden Punkt hingewiesen (Bruns, kl. Schr. 2, 470 f.). Der Begriff des ius honorarium

IV.

Mit den Privilegien und Dispensationen sind auch die Volksschlüsse zusammenzustellen, durch welche ein privates Rechtsgeschäft bestätigt und also giltig gemacht wird. Dabei kommen die Fälle nicht in Betracht, wo die Curien lediglich als Zeugnissversammlungen auftreten. Denn dass die Curien selbst, und nicht eine ungeordnete Masse von Bürgern (contio) den wichtigsten Sacralakten zur Erhöhung der Feierlichkeit beiwohnen, das bedarf keiner besonderen Erklärung oder Rechtfertigung. So geschieht es bei der Priesterweihe, der Ausrufung der Festtage[1]), der Lustration[2]); ob auch bei der transitio ad plebem, ist zweifelhaft[3]).

Anders steht es dagegen mit der Arrogation und wohl auch ursprünglich mit dem Testamente; beide erlangen erst durch Zustimmung der Curien Rechtsbestand. Man könnte diesen Beschluss auf dieselbe Stufe stellen mit der prätorischen Addiction bei Freilassung und in iure cessio oder mit dem lustrum conditum bei der censorischen Manumission. Dann erschienen sie wirklich als Formalakte der freiwilligen Gerichtsbarkeit, d. h. der richterlichen Verwaltung und wären wahre Formalgesetze. Die Mitwirkung der Beamten wurde dort mit der Zeit immer mehr zur Zeugnissgewährung; und dazu stimmt die Entwickelung bei den Testamenten. Indessen mit dieser Annahme ist es schwer vereinbar, dass bei der Arrogation der Charakter des Volksschlusses so zähe festgehalten wurde: sogar das trinundinum musste beobachtet, die rogatio immer noch gesprochen werden, wenn auch die dreissig Lictoren schwiegen[3a]); ja als die alte Feierlichkeit

---

hängt aufs engste mit dem Edicte zusammen; Amtshandlungen des Prätors ausserhalb der Gerichtsbarkeit folgen ihren eigenen Regeln. Ueber die Bestellung von Vormund und Pfleger ist denn auch im Edicte nichts gesagt. — Der sg. accusatio suspecti hat man für die ältere Zeit den Charakter als Cognitionsverfahren bestritten, sie zur legisactio gemacht und mit dem pro tutela agere der Institutionen verselbigt. Rudorff, Vmdsch. 3, 178; danach Klenze, Zschr. f. gesch. Rw. 6,48, M. Rümelin, Stellvertretung S. 38 ff., namentlich jetzt Hruza, pro tutela agere S. 45 f.). Mir scheinen diese Aufstellungen ohne allen Halt.

[1]) Gellius 15, 27. 1: Macrobius 1, 15. 9 sq.

[2]) Varro *de l. L.* 6, 93; Dionys 4, 22 u. a. (hier allerdings immer die Centurien).

[3]) Darüber jetzt Mommsen 3, 136 f.

[3a]) Cicero *de domo* 41; *p. Sestio* 135; Scholien dazu p. 312; Dio C. 39, 12: Tacitus *hist.* 1, 15: si te priuatus lege curiata, ut moris est, adoptarem.

beseitigt wird, da ersetzte man die rogatio nicht durch eine richterliche Erklärung, wie bei der Emancipation, sondern durch einen kaiserlichen Erlass, also einen gesetzgeberischen Akt. Das hat allem Anscheine nach seinen tieferen Grund darin, dass man den Arrogationsbeschluss als einen Rechtssatz dachte. Die Arrogation enthielt früher wohl immer den Uebertritt aus einem Geschlechte ins andere[4]), nicht rechtlich — denn die Annahme eines Geschlechtsgenossen an Kindesstatt wäre an sich wohl denkbar —, aber thatsächlich: die Wahlkinder werden aus den Cognaten genommen[5]). Das geht naturgemäss die Geschlechterversammlung an, wie die Curien sie darstellen. Zugleich aber kommen dabei sacrale Verhältnisse in Frage; darüber konnten die Pontifices wohl gutachten, aber nicht entscheiden; gerade hier ist die Curienversammlung zuständig. Allgemein gesetzliche oder auch nur gewohnheitsrechtliche Normen über die Erfordernisse der giltigen Arrogation sind nie oder nur spät und vereinzelt aufgestellt worden[6]). So gilt es also, jeden Fall für sich zu betrachten und zu regeln. Antrag und Beschluss laufen auch hier auf eine Fiction hinaus. Alles das zusammengenommen lässt den Akt wirklich als einen Fall materieller Gesetzgebung erscheinen[7]).

[4]) Labeo 1, 176 ist das nicht richtig aufgefasst.

[5]) Die Schwierigkeit der Definition gegenüber, welche Q. Mucius von den Geschlechtsgenossen giebt, ist freilich nicht zu beseitigen (Savigny, Syst. 2, 76 n.): gentiles sunt, qui capite non sunt deminuti; aber die durch Arrogation eingetretenen sind capite minuirt. Deshalb den offenkundigen Eintritt der Arrogirten in das Geschlecht zu leugnen, wäre widersinnig. Tacitus *ann.* 15, 26: rogataque lex, qua in familiam Claudiam nomenque Neronis transiret; vgl. 12, 41: sperni quippe adoptionem etc. Aber die Zuverlässigkeit der Begriffsbestimmung wird dadurch erschüttert, dass Scaevola nur an die Emancipirten dachte.

[6]) Das Alter von 60 Jahren ist nicht gesetzliches Erforderniss, sondern nur Gegenstand der Erwägung, *cognitio vertitur* (fr. 15 § 2 de adopt. 1, 7). Dass das höhere Alter des Adoptivvaters (Modestin fr. 40 § 1 de adopt.) erst später eingeführt ist, ist aus dem Handel des Clodius bekannt, aus der plena pubertas zu schliessen, und aus Justinians Ausdrucksweise (§ 4 de adopt. 1, 11) deutlich zu ersehen.

[7]) Im Gegensatze zur Arrogation ist die Emancipation lediglich ein bürgerliches Rechtsgeschäft. Das ist in der That eigenthümlich. Denn der Emancipirte scheidet sicher aus der Gens; und das Ausscheiden ist so gut Gentilsache, wie der Eintritt: das zeigt die gentis enuptio, die höchst wahrscheinlich nur auf Volksschluss erfolgen durfte (S. 19). Zur Erklärung des Unterschiedes muss man einmal festhalten, dass die Emancipation aus einem Satze der XII T. entwickelt worden ist, sie hatte also dort ihre gesetzliche Grundlage. Ob früher andere Formen der Ent-

Wenn das Testament ursprünglich einen Curienbeschluss zu seiner Giltigkeit erforderte — und ich halte an dieser Meinung nach wie vor fest[8]) —, so haben wir darin ein vollständiges Gegenstück der Adrogation. Das Testament bringt Wirkungen hervor, wie sie sonst nur der Staat durch Gesetz herbeiführt: Uebergang des Eigenthums und der Forderungen ipso iure, Aufnahme von Unfreien in den Bürgerverband u. s. w.; es hebt die gesetzliche Erbfolge, wohl besonders die der Gens auf; es giebt den Gläubigern neue Schuldner. Dem Erblasser diese Macht zu verleihen, dazu bedurfte es eines Volksschlusses. Dass dieser sich später verflüchtigte, ist natürlich. Die XII Tafeln geben jedem Bürger die Befugniss, frei über sein Vermögen zu verfügen: also das allgemeine Gesetz tritt an Stelle des besonderen: was früher Rechtssatzung war, wird damit ein Akt der Vermögensverwaltung. Nur das ist verwunderlich, dass sich das alte Testament noch erhielt.

V.

Die finanziellen Angelegenheiten sind heutzutage vorzugsweise der Sitz der formellen Gesetzgebung: Geldbewilligungen zu den verschiedensten Zwecken, Ertheilung von Vollmacht zur Aufnahme einer Anleihe oder zum Abschlusse eines Rechtsgeschäftes vollziehen sich „auf dem Wege der Gesetzgebung“. Aber hier gerade zeigt das römische Recht einen ganz anderen Zuschnitt. Auf keinem Gebiete mehr als auf diesem halbprivaten der Vermögensverhältnisse nähert sich das römische Volk der Körperschaft an; es ist gerade deshalb für deren Verfassung das Vorbild geworden[1]).

Der König wird gedacht als allein berechtigt zur Verfügung über das bewegliche und unbewegliche Gemeindegut. Am besten lässt sich

lassung aus der Gewalt bestanden, scheint mir müssig zu untersuchen. Dazu kommt aber, dass allem Anscheine nach die Emancipation in den vornehmeren Schichten der Gesellschaft nicht üblich war, sondern nur bei den Gewerbetreibenden und mittleren Grundbesitzern (Parerga II, 82 ff.): da war kein Zusammenstoss mit dem Gentilrechte zu befürchten.

[8]) Mit Mommsen 3, 319 f. gegen Hölder, Beiträge zur Geschichte d. röm. Erbrechts S. 20 ff.; S. 42 ff.

[1]) Gaius fr. 1 § 1 quod cuiusc. 3, 4; Labeo 1, 291 f.

seine Stellung mit der des Hausherrn vergleichen, der aus eigenem Rechte das Familienvermögen nach völlig freiem Ermessen verwaltet[2]). Charakteristisch für dieses Verhältniss ist die Erzählung von der Aca Larentia: die Einen lassen sie den Romulus, die Anderen das römische Volk zu Erben einsetzen[3]); beides bedeutet dasselbe: das erste ist die königliche, das andere die republikanische Auffassung, ähnlich wie man weiht *aut Iovi aut populo Romano*[4]). Der König allein theilt das Staatsland auf[5]). Er allein verfügt über die öffentlichen Gelder: darin liegt wesentlich der Unterschied der Königsgewalt von der des Dictators[6]). Er erscheint als Bauherr: Tempel und öffentliche Gebäude werden mit Staatsgelde und durch die Fronden der Bürger hergestellt[7]). Diese Vorstellung der alten Staatsrechtslehrer vom Königsthume muss man festhalten, um die bedeutsame Aenderung mit dem Beginne der Republik gehörig zu würdigen: es wird im ersten Jahre des Freistaats die „Staatskasse des römischen Volkes“ (*aerarium publicum populi R.*) errichtet[8]). Damit ist das Volk zum Inhaber des Staatsvermögens erklärt; die Beamten sind nur noch seine Verwalter; sie sind, um das oft gebrauchte Gleichniss zu wiederholen, nicht Hausherren, sondern Vormünder. Rath und Beamte haben bekanntlich eine sehr weitgehende Verwaltungsbefugniss. Für den vorliegenden Zweck ist es nicht nothwendig, die Zuständigkeit der Consuln und des Senats gegeneinander abzugrenzen: denn der Senat ist hier nie an die Stelle des Volkes getreten, sondern hat die Beamten sich botmässig gemacht. Man darf sagen, dass beide über das Baargeld im Staatsschatze und über das bewegliche Gemeindevermögen ganz frei verfügen. Daran denkt offenbar Polybius, wenn er den Rath als „Herrn über Ausgabe und Einnahme“ bezeichnet[9]).

---

[2]) Vgl. Rubino, Untersuchungen S. 137 f.

[3]) Gellius 7, 7. 2.

[4]) Vgl. Mommsen 3[b], 1113.

[5]) Cicero *de rep.* 2, 26; 33.

[6]) Zonaras 7, 13 p. 338 B: *ἡ δικτατωρεία κατά γε την ἐξουσίαν τῇ βασιλείᾳ ἰσόρροπος, πλὴν ὅτι μὴ ἐφ᾿ ἵππου ἀναβῆναι ὁ δικτάτωρ ἠδύνατο . . οὔτε ἐκ τῶν δημοσίων χρημάτων ἀναλῶσαι ἐξῆν αὐτῷ, εἰ μὴ ἐψηφίσθη.*

[7]) Livius 1, 35. 7; 38, 5; 56, 1: non pecunia solum ad id (für den capitolinischen Tempel) publica est usus, sed operis etiam ex plebe et q. s.

[8]) Plutarch *q. Rom.* 42; *Publ.* 12, 2.

[9]) Polybius 6, 13: *καὶ μὴν ἡ σύγκλητος πρῶτον μὲν ἔχει τὴν τοῦ ταμιείου κυρείαν· καὶ γὰρ τῆς εἰσόδου πάσης αὕτη κρατεῖ καὶ τῆς ἐξόδου παραπλησίως.*

Auch darin also steht er wie der Vormund, der dem Pupillenvermögen gegenüber *vice domini est*; seine Befugniss ist sogar anscheinend noch ausgedehnter, als die des vorseverischen Tutors.

Ueberall da, wo die Grundsätze gesetzlich festgelegt sind, ist ihre Handhabung selbstverständlich reine Verwaltungssache, selbst wenn damit die Schranken der „vollziehenden Gewalt" weiter hinausgerückt sein sollten, als das heutzutage der Fall zu sein pflegt. So verhält es sich bei der Umlage der Bürgersteuer, des *tributus*. Dass der Bürger unbedingt steuerpflichtig ist, und wie viel er im Verhältnisse zu leisten hat, steht verfassungsmässig fest: ein Bewilligungsrecht von Fall zu Fall hat das Volk nicht. Die Entscheidung darüber, ob und in welcher Höhe die Steuer erhoben werden soll, ist lediglich Sache der Verwaltung. Senat und Consuln schreiben die Umlage aus; sie können sogar im Nothfalle bis dahin steuerfreie Klassen der Bürgerschaft heranziehen[10]). Bei anderen Akten der Verwaltung fehlt diese verfassungsmässige Grundlage; man muss auf die Analogie des Privatrechtes zurückgreifen. Und da ist denn ohne Weiteres klar, dass Erwerbshandlungen, Annahme oder Ablehnung von Erbschaften und Schenkungen, niemals an das Volk gebracht werden, selbst dann nicht, wenn mit dem Erwerbe Obliegenheiten verbunden sind, z. B. die Führung einer Vormundschaft: alles das erledigen Senat und Consuln[11]). Geldleistungen aus dem Aerare zu nothwendigen Ausgaben: Ankauf von Land zu Staatszwecken, Verdingung verschiedener Arbeiten für die Gemeinde u. dgl. sind immer ebenfalls auf Anweisung des Senates erfolgt; sogar Anleihen sind ohne Befragung des Volkes aufgenommen worden[12]). Das geht so weit, dass anscheinend auch da, wo die Comitien kostspielige neue Einrichtungen beschliessen, über die erforderlichen Geldmittel im „Gesetze" selbst keine Bestimmung getroffen wird: und doch wäre hier die Zusammenfassung des materiellen und formalen Gesetzes fast als naturgemäss erschienen. Den Gesetzen über

---

[10]). Parerga II, 7 ff.; vgl. Mommsen 3[b] 1123 ff.

[11]) Mommsen 3[b], 1112 f.; vgl. Labeo 1, 264 f.

[12]) So zum Ankaufe von Gold zum Weihegeschenke: Livius 5, 25. 7 sq.; 31, 9. 10; für neue Spiele: Livius 36, 2. 4; 42, 28. 8 sq.; für den campanischen Acker: Granius Lic. p. 14 B.; Cicero *de l. agr.* 2, 82; zur Errichtung der Bildsäule des Sulpicius: Cicero *Phil.* 9, 16; die Anleihe bei den Publikanen zur Ausstattung des spanischen Heeres (Livius 23, 49) und die grosse Anleihe von 207/547 (Livius 26, 36. 11 (29, 16)).

Frumentationen und die Errichtung staatlicher Vorschussbanken liegen selbstverständlich Volksschlüsse zu Grunde[13]). Sie bezogen sich zunächst auf die Herstellung einer dauernden[14]) neuen Organisation, die Wahl besonderer Beamten oder doch die Erweiterung der Zuständigkeit der alten. Damit verbinden sich dann „formale" Anordnungen: über die Art des Ankaufes des Getreides für die Frumentationen, über die Feststellung der Empfangsberechtigten[15]). Und so wäre es an sich auch denkbar, dass der Betrag der Summe, die jährlich zum Vorschusse oder zum Getreideankaufe aus dem Aerare entnommen werden durfte oder musste, im Gesetze festgestellt worden wäre. Ueberliefert ist davon nichts[15a]). Es wird aber neben der lex ein Senatsschluss erwähnt[16]). Die Annahme scheint nahe zu liegen, dass der Rath eine Ausführungsverordnung erliess, welche die Einzelheiten der Verwaltung regelte.

Nach privatrechtlicher Anschauung gehören entgeltliche Veräusserungen zur Verwaltung; dagegen Schenkungen und Freilassungen nicht: das ist sowohl bei Vormundschaft als beim Peculium sicher bezeugt[17]). Dieser Auffassung entsprach, so weit wir urtheilen können, die staatsrechtliche Praxis nicht ganz: freilich die entgeltliche Veräusserung von beweglichem Staatsgute in Form der Versteigerung durch den Censor oder den Quästor erfolgt immer ohne Volksschluss auf Anweisung des Senates[18]). Indess haben anscheinend die Beamten — vielleicht nach Verständigung mit dem Rathe — auch die Freilassung der Gemeindesklaven vollzogen[19]). Diese Befugniss ist höchst auffällig,

---

[13]) Für die Frumentationen braucht das keines Beweises; über die Vorschussbanken s. Livius 7, 21. 4; 23, 21. 6 (22, 60. 4).

[14]) Der Bankausschuss von 216/538 bestand noch 214/580 und 210/544: Livius 24, 18. 2; 26, 36. 8.

[15]) lex Iul. mun. 10 sqq. (Bruns p. 102).

[15a]) Die Analogie des Vorgehens des Tiberius (Tacitus *ann.* 6, 17) scheint mir nicht entscheidend: denn er half nicht durch Gesetz (Senatsschluss), sondern im Verwaltungswege.

[16]) Cicero *Verr.* 5, 52; 3, 70. 163: ex Senatus consulto et ex lege Terentia Cassia.

[17]) Fr. 17 de cur. fur. 27, 10; fr. 22 qui et a quib. 40, 8; fr. 7, fr. 13 de mmiss. 40, 1; fr. 22 de adm. et per. 26, 7; fr. 1 § 1 sq. de tut. act. 27, 3; Sueton *Tib.* 15.

[18]) Citate: Mommsen 2, 551 f.

[19]) Livius 24, 14. 4; 16, 9 (vgl. 32, 26. 14); Plutarch *Coto min.* 39, 3; Mommsen 1, 322; 3b, 1122.

da man sonst strenge daran festhielt, dass ohne Volksschluss kein Fremder römischer Bürger werden könne. Zu erklären ist sie wohl daraus, dass die servi publici nur bei nachgewiesenen Verdiensten um den Staat freigelassen wurden: auf diesen Punkt fällt anscheinend der Nachdruck in der typischen Erzählung vom Sklaven Vindicius[20]). Damit stimmt es genau überein, dass auch Schenkungen, soweit es sich um Zahlungen aus dem Aerare handelt, stets allein vom Senate, nicht vom Volke beschlossen und vollzogen wurden[21]). Auch diese Zuwendungen sind durchgängig remuneratorische; man wird daher das Rechtsgeschäft in ähnlicher Weise als Verwaltungsakt auffassen können, wie die Ausstattung einer armen Schwester oder die Unterstützung eines bedürftigen Bruders durch den Vormund aus dem Mündelvermögen[22]).

Mit dem unbeweglichen Staatsgute steht es indess allem Anscheine nach anders. Die entgeltliche Veräusserung von Grundstücken durch den Quästor wird freilich mehrfach auf einen Volksschluss gestützt[23]); sie ist aber sicher auch auf blossen Senatsschluss hin durch andere Beamte erfolgt[24]). Es wäre möglich, dass die Vollmacht der Quästoren vom Volke ausgehen musste: denn dadurch wird ihre Befugniss erweitert, da sie eigentlich mit der Verwaltung des Staatsgrundbesitzes nichts zu schaffen haben[25]); das wäre also jedesfalls mehr als ein bloss formales Gesetz. Von den Censoren sind Gemeindegrundstücke wiederholt verkauft worden: unsere Quellen ge-

[20]) Livius 2, 5. 9.

[21]) Livius 39, 13. 3 sq.; 32, 26. 14.

[22]) Fr. 1 § 2 de tut. et rat. 27, 3; fr. 13 § 2 de adm. et per. 26, 7.

[23]) Hygin p. 115, 15; Siculus Fl. p. 136, 14.

[24]) Cicero *de l. agr.* 2, 35: datur . . eis primum, ut liceat eis vendere omnia, de quibus uendendis senatusconsulta facta sunt M. Tullio, Cn. Cornelio cos., postea. Livius 28, 46. 4: durch *uendere iussi quaestores* wird nur ein Senatsschluss angedeutet Entweder hat Livius den Volksschluss übergangen (Weissenborn) oder die agri quaestorii gelten nicht geradezu als veräussert, weil das Obereigenthum dem Staate blieb (Parerga II, 75 f.). Das letztere ist wahrscheinlicher. Es entspricht dem Verfahren bei Ansiedelung der Ligures Baebiani: ihnen wiesen die Consuln auf Senatsschluss Land an (sogar unentgeltlich), aber sicher nicht zu quiritarischem Eigenthume (Livius 40, 38. 6).

[25]) Mommsen 2, 446.

denken dabei kaum der Zustimmung des Senates[26]). Dem privatrechtlichen Begriffe der Verwaltung aus eigenem Rechte entspricht dies: dem Vormunde bis auf Sever, dem Ehemanne bis zur lex Iulia ist die entgeltliche Veräusserung der Mündel- und Dotalgrundstücke durchaus gestattet. Dagegen ist die unentgeltliche Auftheilung von Gemeindeländereien nie ohne Volksschluss erfolgt[27]). Ueber die Auffassung der hier zu Grunde liegenden „Gesetze" kann man zweifeln. Regelmässig wird ein Ausschuss niedergesetzt, der die Vermessung und Anweisung der Grundstücke besorgt; der Volksschluss erscheint also nicht als blosse Vollmacht, sondern als Organisation einer neuen, wenn auch vorübergehenden Behörde, wie die Dedicationsbeamten (S. 17). Das wäre dann also kein „formelles" Gesetz. Man kann aber auch sagen, dass hier der Eigenthümer selbst ein Rechtsgeschäft verrichtet, das er den Vertretern nicht überlassen will. Die Vertreter haben also eine in dieser Beziehung beschränkte Vollmacht, ähnlich etwa wie beim *peculium sine libera administratione*. Hier auf dem Gebiete der halbprivaten Wirthschaftsverhältnisse scheint mir diese Auffassung der Sache näher zu liegen. Sie wird bestätigt durch die Art und Weise, wie die dauernden, so zu sagen dinglichen unentgeltlichen Nutzungen an Gemeindegrundstücken behandelt werden. Ein solches servitutartiges Recht zeigt der Gemeingebrauch oder die Privatnutzung an öffentlichem Grund und Boden[28]): in diesem Falle aber muss, wie oben auszuführen versucht wurde (S. 25 f.), das Volk die fremde Einwirkung gutheissen. Und ein zweites Analogon bildet die Dedication: ein Geschenk von Gemeindeland an eine immerhin wohlverdiente Gottheit ist *iniussu populi* unzulässig[29]).

Ueberblickt man hiernach das Finanzwesen, so scheinen hier die

---

[26]) Livius 32, 7. 3; 41, 27. 10; 40, 51. 5 gehört wohl nicht hierher: fr. 32 de CE. 18, 1.

[27]) Mommsen 3^b, 1119 f. Er führt zwei Fälle aus geschichtlicher Zeit an, in welchen der Senat allein Landschenkungen vornahm: an Onesimus (Livius 44, 16. 7) und an Vatinius (Cicero *de d. n.* 2, 5; 3, 13). An der Richtigkeit der Thatsache wird nicht zu zweifeln sein. Die Erklärung liegt wohl in dem remuneratorischen Charakter der beiden Schenkungen.

[28]) Vgl. Labeo 1, 269 f.

[29]) Gaius 2, 5; Plutarch *q. R.* 37. Wie es bei Strassen- und Tempelbau stehe, wage ich nicht zu entscheiden: Mommsen 3^b, 1122 A. 4; dagegen Lange 2, 642.

formalen Gesetze durch die umfassende Verwaltungsbefugniss der Beamten so gut wie ganz aufgesogen zu sein. Derselbe Zug aber zeigt sich im gesammten republikanischen Staatsleben: das formelle Gesetz wird als ein in sich widerspruchsvolles empfunden und deshalb mehr und mehr in den Hintergrund gedrängt.

GPSR Compliance

The European Union's (EU) General Product Safety Regulation (GPSR) is a set of rules that requires consumer products to be safe and our obligations to ensure this.

If you have any concerns about our products, you can contact us on ProductSafety@springernature.com

In case Publisher is established outside the EU, the EU authorized representative is:

Springer Nature Customer Service Center GmbH
Europaplatz 3
69115 Heidelberg, Germany

Batch number: 10845480

Printed by Printforce, the Netherlands